Hommage à Mme la Comtesse FOUCHER de CAREIL
PRÉSIDENTE DE L'ASSOCIATION DES DAMES FRANÇAISES

Kalixt de Wolski

Auteur de " LA RUSSIE JUIVE "

La Pologne

Sa Gloire, ses Souffrances, ses Évolutions.

> *Un peuple peut rester grand et fort, bien que la fortune l'ait trahie ou que le nombre l'ait vaincu, s'il conserve le sentiment et l'honneur de sa défaite. S'il l'oublie ou s'il s'en accommode, tout est fini pour lui.*
>
> Armand Carrel en 1831.

THE SAVOISIEN & BAGLIS
2018

Première édition
1911
Librairie H. FERREYROL
1 à 3 rue Vavin, 1 à 3 - PARIS

Exegi monumentum ære perennius
Un Serviteur Inutile, parmi les autres

25 décembre 2018

Correction
NEUSTEINN

SCAN, ORC, Mise en page
BAGLIS

Pour la Librairie Excommuniée Numérique des CUrieux de Lire les USuels
Toutes les recensions numériques de BAGLIS *sont gratuites*

Kalixt de Wolski

Auteur de " LA RUSSIE JUIVE "

La Pologne

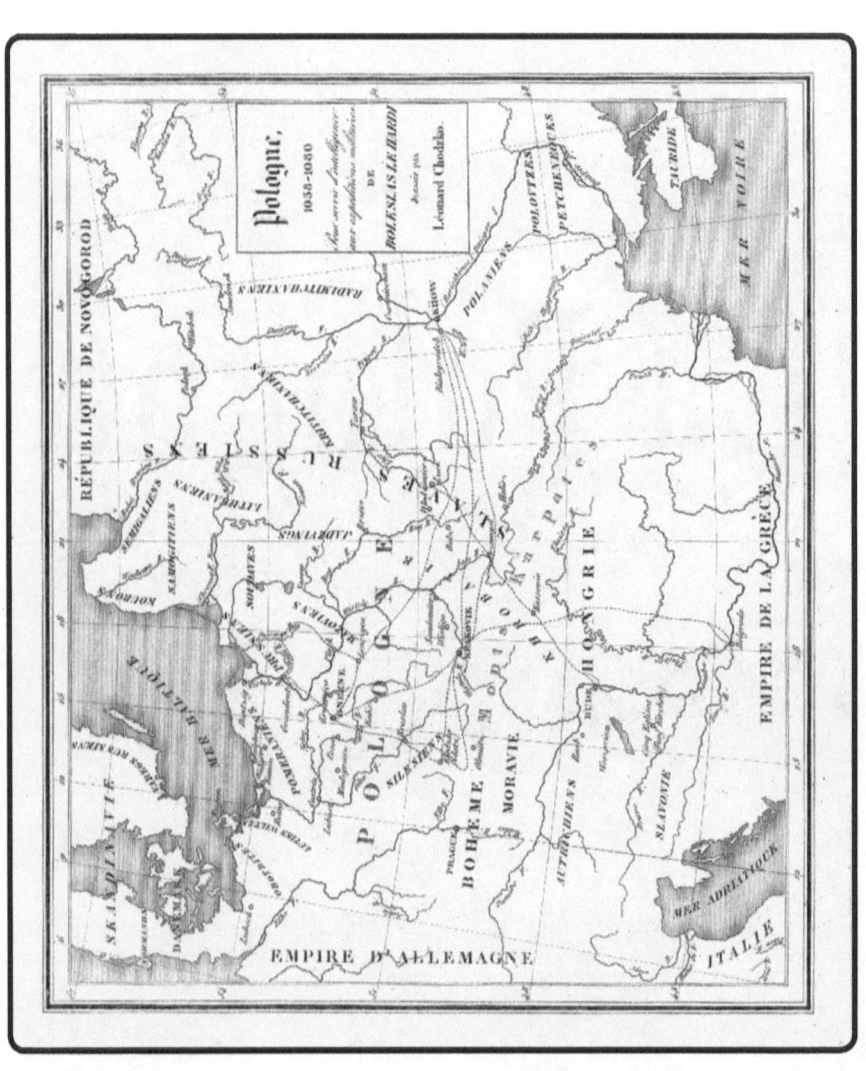

Préface

Les dernières années du dix-huitième siècle ont vu commettre une faute capitale, un crime de haute trahison envers l'humanité. Une nation qui pendant neuf siècles a tenu une place importante dans les concerts des puissances de l'Europe ; une nation qui produisit l'immortel astronome Copernic (XVE siècle), l'illustre roi Sobieski, le défenseur de la Chrétienneté sous les murs de Vienne (XVIIE siècle) et maints autres hommes savants et glorieux, un pays remarquable par la tolérance avec lequel il recueillit les protestants persécutés, à une époque où la question religieuse soulevée par les réformateurs Luther et Calvin donna lieu dans tous les autres États de l'Europe à des guerres sanglantes et à de cruelles représailles ; un pays dans lequel aux XVE et XVIE siècle la littérature et les beaux arts avaient atteint leur apogée, une nation aussi fameuse fut démembrée perfidement par ses trois voisins : la Russie, la Prusse et l'Autriche. Ayant ourdi une conspiration, ces pays fomentèrent des discordes en Pologne et en profitèrent pour se la partager.

Depuis plus de cent ans, cet infortuné pays fut rayé politiquement de la carte de l'Europe, et l'histoire d'une aussi noble et chevaleresque nation est presque inconnue dans la plupart des pays étrangers.

Mais les nations ne meurent point comme de simples individus, et celles d'entr'elles qui, depuis ses malheurs, a donné le jour à des guerriers illustres comme Kosciuszko et Pulawski, les compagnons d'armes et amis de Washington, à de sublimes poètes, tels que Mickiewicz, Krasinki, Stowacki ; à des musiciens tels que Chopin et Moniuszko ; à de grands peintres comme Grottger et Mateyko ; à des savants comme Lelevel et Swiadecki et à nombre d'autres écrivains et hommes de science, ne peut périr, et un jour sa régénération deviendra un fait accompli.

Dans l'histoire des peuples, les mêmes faits se reproduisent avec de légères variations ; ceci peut être prouvé en citant quelques exemples.

L'ancienne et docte Grèce fut conquise et oppressée par les Romains ; elle vécut ensuite des siècles entiers sous la tyrannie turque, cependant elle recouvrit son indépendance et sa nationalité n'a point péri.

La belle Italie, ce pays des arts par, excellence, fléchit longtemps sous le joug de l'Autriche et des tyrans de Naples, Toscane, Modène et Padoue, et pourtant voilà l'Italie unie et libre aujourd'hui. La Roumanie, patrie de Michel le Brave et Etienne le Grand, gémit de longs siècles sous les Fanariotes envoyés contre elle par le sultan de Constantinople ; elle gémit plus tard sous les tsars de Russie qui en corrompirent les habitants pour s'emparer plus à leur aise des riches provinces du Danube, mais les évènements récents rendirent à la Roumanie sa liberté et son indépendance.

Les destinées de la Pologne, martyrisée depuis plus de 120 années par ses trois puissants voisins doivent logiquement changer.

Depuis l'asservissement de ce magnifique pays situé au centre de l'Europe du Nord, les puissances continentales ne cessèrent jamais de tenir les armes en main et d'être toujours en garde contre les Moscovites, auxquels le nombre croissant a plus de cent millions et leur avidité sans égale semblent donner droit de domination dans toute l'Europe.

Le sort de la Pologne évoluera quand les puissances européennes reconnaîtront que la paix générale n'est possible qu'à la condition de reconstituer une Pologne indépendante, un rempart infranchissable entre le barbarisme russe et la civilisation européenne.

Dans la conviction de cette vérité, le devoir de tout fils de Pologne est de faite connaître l'histoire de sa nation que les générations actuelles de chaque pays semblent Ignorer à peu près totalement.

Le livre présent est donc un pieux hommage rendu par un Polonais à son pays infortuné.

Puissent les écoles françaises le donner à leurs élèves. Puissent les enfants de France y trouver de sublimes exemples et de salutaires enseignements et comprendre que si l'amour de la patrie, est le plus beau sentiment d'un cœur bien placé, la fidélité à cette patrie en détresse en est le plus noble privilège.

La Pologne

Chapitre Ier

Histoire fabuleuse ou ancienne, 300~950.

Depuis les âges dont il est impossible de fixer l'ancienneté, probablement vers le troisième ou quatrième siècle de notre ère, — l'immense étendue du pays borné à l'Ouest par le fleuve Oder, à l'est par le fleuve Dzwina, au nord par la Baltique et au sud par la mer Noire, était habitée par différentes peuplades de race slave, appelés généralement du noir de Sarmates. Certains d'entre eux étaient agriculteurs, d'autres pêcheurs, et la plupart étaient des bergers se transportant de place avec leur tente et leurs troupeaux. Ces peuples étaient païens, sans aucune idée de l'unité divine et connaissant fort peu le devoir d'amour envers le prochain, car ils vivaient en de continuelles disputes, se faisant une guerre acharnée et incessante. Ils adoraient des idoles et leur offraient en holocauste des animaux, des fruits des légumes et des fleurs.

Ces idoles étaient faites en bois, en pierre ou en terre glaise polie et se trouvaient dans des temples voués à leur culte. Leurs principales divinités se nommaient :

- Perkun, le dieu de la foudre ;
- Pochiviat, le dieu, des vents ;
- Lel, le Dieu de l'amour ;
- Lado, le dieu de l'ordre et de la paix.

Il y avait encore d'autres divinités malveillantes ou bienfaisantes dans leur commerce avec l'humanité. Ces peuples étaient d'un caractère vindicatif, cruel et sauvage. Désunis entre eux, ils étaient incapables de résister aux attaques continuelles de leurs voisins de race germanique qui s'efforçaient de prendre possession de leur pays. Les choses en étaient là depuis longtemps, jusqu'au moment où Lech apparut à la tête de ses hordes et s'installa dans la contrée où se trouvait le lac dénommé Goplo. Ayant trouvé un nid d'aigle blanc dans un arbre, Lech y fonda la ville de Gniezno (Gniazdo signifie nid dans le dialecte polonais) et prit un aigle blanc pour emblème de ses armes.

Il y a peu de choses à dire des successeurs de Lech. Ils étaient en guerre perpétuelle avec les Germains, mais en même temps ils affermissaient leur pouvoir dans le pays en y éclaircissant les forêts et en bâtissant nombre de villes et villages dans le rayon de ses frontières. Avec le temps lorsque la lignée directe de leur premier chef fut éteinte, les différentes tribus composant la nation Lechite, faute de tomber d'accord sur le choix d'un maître, élurent douze woïevodes pour les gouverner.

Bientôt après, les woïevodes au lieu d'agir à l'unisson pour le bien de la patrie, se mirent en querelle, chacun d'eux voulant être le chef suprême, et plongèrent le pays dans l'anarchie et dans la confusion. Enfin, le peuple comprenant qu'un bon maître valait mieux que douze pitoyables élut un homme brave et loyal, nommé Krakus, chef d'une tribu slave, établie le long des bords de la Vistule, aux pieds des Monts Carpathes, et lui confia le gouvernement du pays. Krakus avait déjà fondé la ville de Krakon (Cracovie) qui devint et resta pendant plusieurs siècles la capitale de la Pologne et la résidence de ses rois souverains.

Sur le mont Wawel qui domine la ville, Krakus éleva un château après y avoir tué un dragon qui semait une terrible panique parmi le peuple en dévorant quotidiennement, disait-on, de quiconque se trouvait sur son passage, homme ou animal.

Bien que Krakus fut païen, il gouverna avec beaucoup de bonté et de justice, et en l'honneur de son règne bienfaisant le peuple reconnaissant lui éleva, après sa mort un tertre visible encore aujourd'hui du haut des tours du château de Wawel.

Krakus eut deux fils et une fille. Mais comme l'aîné des fils, jaloux de son frère qui avait participé à la perte du dragon, le tua et fut banni du pays, il ne resta de la famille de Krakus que sa fille Vanda, qui fut appelée à lui succéder.

Vanda était remarquablement belle. Un prince teuton, nommé Rytygier, en tomba éperdument épris et la demanda en mariage. Mais Vanda le refusa, ne voulant pas épouser un étranger Rytygier, furieux, déclara la guerre et, bien qu'il fut défait, Vanda, craignant que sa beauté ne devint la cause d'autre conflits sanglants pour son pays, se sacrifia en se jetant dans les flots de la Vistule où elle trouva la mort. Elle fut sincèrement pleurée de son peuple qui, pour perpétuer sa mémoire et celle de son sublime sacrifice, lui consacra un tertre pareil à celui de son père, tertre existant également à proximité de Cracovie.

Nous n'avons rien de remarquable à noter dans l'histoire de la Pologne pendant de longues années, jusqu'à l'avènement de la famille des Popiel. Le dernier de cette race fut, dit-on, victime d'une catastrophe si extraordinaire, qu'elle touche au domaine de la fable. En voici la tradition :

Ce dernier des Popiel avait épousé une dame teutonne, laquelle, bien que licencieuse et fort méchante, acquit une telle influence sur son mari qu'il n'osa jamais la contredire. Pendant la résidence de la Cour au château de Kruszwica, situé, sur une île du lac de Goplo, elle donna des fêtes incessantes pendant lesquelles toutes sortes de prodigalités et d'extravagances furent commises, dans un moment où le peuple souffrait de la famine et de la misère.

Les oncles du prince, choqués de cette conduite, l'exhortèrent à mettre fin à ces excès et à ne plus obéir à sa femme qui était la cause des désordres sous lesquels le pays succombait.

La princesse, informée de ces démarches et redoutant de se voir renvoyée dans son pays natal, feignit la soumission aux désirs de son mari et lui conseilla de prétexter une maladie et d'inviter ses oncles à venir le voir, pour y prendre connaissance de ses dernières volontés. Les oncles se rendirent à son appel. La princesse leur donna un excellent souper avec abondance de vins fins, et, tout en les invitant à boire, eut soin de verser le contenu de son propre verre sous la table sans y avoir touché.

Le souper et le vin des oncles étaient empoisonnés. Tous moururent dans la nuit. Pour ne pas éveiller l'attention du peuple par un enterrement public, leurs corps furent jetés dans le lac. Mais las ! Après un certain temps les dépouilles des noyés produisirent une quantité innombrable de rats et de souris qui s'attaquèrent à toute la famille princière, et bien que, pour s'en débarrasser, elle sauva dans la plus haute tour du château, les hôtes acharnées, l'y suivirent et dévorèrent Popiel, sa femme et ses enfants. Ainsi fut punie, pour ses crimes ; la dynastie des Popiel.

Les Lechites, se trouvant à la suite de cette mort horrible, une fois de plus privés de leur chef, se réunirent dans la ville de Kruszwica pour en élire un autre.

Ils délibérèrent fort longtemps sans parvenir à s'entendre, lorsque, par le plus grand des hasards, leur choix tomba sur un homme, dont la remarquable histoire mérite d'être rapportée en quelques mots.

Il était à cette époque, à Kruszwica, un brave paysan, très hospitalier, que ses grandes qualités agricoles, ainsi que son existence frugale et bien ordonnée, avaient placé dans une certaine aisance. Comme l'affluence du peuple, venu pour les élections, devenait considérable, les vivres vinrent rapidement à manquer : Ce que voyant, Piast sortit de ses caves plusieurs barils d'hydromel, fit cuire une énorme quantité de pain, abattre des cochons et des moutons en abondance et invita les affamés à accepter son hospitalité.

La légende rapporte que, quelque temps avant ces événements, deux voyageurs, ayant été expulsés du château de Popiel, vinrent frapper à la porte de Piast, qui fêtait précisément le même jour la naissance d'un fils. Il les reçut avec cordialité, leur offrit à boire et à manger et les logea confortablement. En reconnaissance de cette hospitalité, les deux convives baptisèrent l'enfant selon le rite chrétien, bien que le père, comme le reste des habitants du pays, fût païen. Depuis la visite des deux voyageurs, les barils d'hydromel de ses caves furent toujours pleins et le blé dans ses granges toujours en profusion. C'est à cette circonstance que Piast et sa femme Rzepicha durent de pouvoir approvisionner l'innombrable multitude qui se pressait à leur table pour assouvir sa faim et étancher sa soif.

La nation polonaise, voyant que par son ordre et son habileté Piast était parvenu à nourrir un si grand nombre de gens et augurant qu'il saurait gouverner les affaires de l'État avec autant de succès que celles de son propre ménage, l'élut unanimement pour son chef.

Piast, fondateur d'une dynastie qui pendant cinq siècles, régna en Pologne, vécut vers le milieu du IXE siècle de l'ère chrétienne. On dit qu'il atteignit l'âge de 120 ans et qu'il transmit de son vivant ses pouvoirs à son fils Ziemowit lequel, baptisé par les deux voyageurs mystérieux, n'avait point été instruit dans la religion chrétienne.

Après la mort de Ziemowit, son fils Leszek lui succéda, et fut bientôt remplacé par son fils aîné Ziemowysl. Ce dernier n'avait qu'un fils né aveugle et par conséquent incapable de régner.

C'est alors que, au dire de la légende, le miracle suivant arriva :

Vers l'âge de sept ans, ce jeune garçon, nommé Miecislas, recouvra soudainement la vue et fut déclaré capable de monter sur le trône .de ses pères.

Bien que, depuis l'avènement de Piast, l'histoire fabuleuse de Pologne fasse place aux récits historiques, il faut reconnaître que les premières cent années de cette époque, jusqu'à la majorité de Miecislas (qui en 950 embrassa le christianisme avec tout son peuple), appartiennent encore au domaine des mythes, eu égard aux événements surnaturels dont ce dernier siècle paraît abonder.

Chap. Second

Époque première ou conquérante
953~1139.

Il a été dit que Miecislas, le fils de Ziemowysl, né aveugle, recouvra miraculeusement la vue à l'approche de sa septième année ; depuis ce moment il la conserva à l'égal des autres hommes, ce qui fit conclure que pendant son règne la vraie lumière, autrement dit le christianisme, devait être enseignée aux idolâtres qu'il était appelé à gouverner. Après la mort de son père, Miecislas, quoique fort jeune encore, régna sur les différentes tribus des Lechites et les unit tous sous son sceptre. Encore païen, comme ses ancêtres, il eut sept femmes, mais pas d'enfants.

Des missionnaires chrétiens, venus de Bohême sur les bords de la Vistule pour y répandre la vraie foi, conseillèrent à Miecislas de répudier ses femmes et de se convertir au christianisme avec tous ses sujets, lui prédisant que, s'il n'avait qu'une seule épouse, Dieu bénirait cette union légitime en lui donnant un successeur si ardemment désiré.

Miecislas se laissa convaincre et envoya un ambassadeur à son voisin, le roi de Bohême, pour demander la main de sa fille Dombrowka, très zélée chrétienne, promettant d'embrasser sa religion avec son peuple. Le roi de Bohême acquiesça à sa prière et lui envoya sa fille Dombrowka en compagnie de l'Archevêque Jordan qui baptisa Miecislas à la tête de toute sa nation.

Ce mémorable événement eut lieu en l'année 952. De ce temps commence l'histoire de la Pologne proprement dite et Miecislas prit le titre de premier roi de Pologne. Les Allemands, qui prétendaient que leurs empereurs, en qualité de successeurs des Césars de Reine, devaient régner sur toute la terre, regardaient d'un œil jaloux la puissance du royaume slave s'élever et s'étendre dans leur voisinage et refusaient de reconnaître le titre de roi au nouveau monarque polonais, lui donnant simplement celui de Prince, comme à un vassal de leurs souverains, ce qui était injuste, car Miecislas était tout aussi bien maître suprême de son propre pays que l'empereur d'Allemagne l'était de sa monarchie.

La prévision des missionnaires chrétiens s'accomplit, car Miecislas après son mariage avec Dombrowka et la conversion de son peuple au christianisme, eut plusieurs enfants dont le fils aîné fut nommé Boleslas. Dans ces jours lointains, rois et empereurs considéraient les pays soumis à leur sceptre comme leur propriété personnelle, et Miecislas, au déclin de son règne, sentant approcher sa fin, fit par testament le partage du royaume de Pologne entre ses fils. Ce fut une grande erreur nationale, car un pays ne peut pas être consolidé et florissant s'il n'est uni

Par bonheur, Boleslas, le fils aîné, qui était très énergique et valeureux, sentit la nécessité d'un gouvernement inébranlable en Pologne, ce qui devenait impossible avec plusieurs maîtres à la fois, et déposséda ses frères de leur patrimoine en réunissant le pays entier sous son administration vigoureuse. Pourtant ses frères, expulsés de leurs possessions, méditèrent une vengeance et s'en furent dans les cours des souverains voisins afin de les exciter à déclarer immédiatement la guerre à leur frère aîné, espérant regagner de cette façon les provinces qui leur étaient échues en partage.

Mais l'intrépide Boleslas vainquit l'un après l'autre les rois avoisinants, et agrandit encore ses Etats en reprenant aux Bohèmes la ville de Cracovie et en subjuguant la Poméranie entière par la force de ses armes.

Les Allemands, entendant parler des exploits du guerrier polonais, furent très désireux de le voir de près, mais leur empereur Othon III, s'estimant un monarque bien autrement puissant que le jeune souverain d'un nouveau royaume, ne voulut pas condescendre à le visiter le premier ; toutefois, pour se convaincre de la véracité des bruits répandus sur cette gloire naissante, il se servit astucieusement du prétexte d'un pèlerinage à la tombe de Saint Adalbert située à Gniezno et s'y rendit en l'année 1001.

Saint Adalbert était un évêque de Prague en Bohème, particulièrement pieux ; qui voyageait en des pays idolâtre pour y faire des prosélytes et y porter la foi chrétienne. Ayant atteint les bords de la Baltique, il fut assassiné par un païen prussien.

Boleslas ayant appris la mort tragique du saint homme retira son corps des mains prussiennes après en avoir payé le poids en or pur, plaça les restes du martyr dans un cercueil d'argent, le déposa sous une voûte de la cathédrale de Gniezno et érigea au-dessus un mausolée magnifique.

Ce fut donc sous le prétexte de visiter ce tombeau qu'Othon III, empereur d'Allemagne, vint à Gniezno, quoi qu'en réalité son but principal était de voir le nouvel héros de la Pologne, dont la renommée le remplissait d'inquiétude et de souci.

Boleslas, voulant donner à cet auguste visiteur une réception digne de lui, ordonna à tous les nobles de son royaume de se réunir à Gniezno, dans leurs costumes les plus somptueux, afin d'y fêter l'arrivée de l'empereur son voisin.

C'était une époque de grande prospérité en Pologne. Les tables servies dans les places publiques, en l'honneur des arrivants, étaient chargées de vaisselle d'or et d'argent. Les Allemands de la suite de l'Empereur furent éblouis devant tant de richesses, mais leur stupéfaction ne connut plus de bornes quand, après le banquet, Boleslas leur fit don de tous les plats de métal précieux qui leur avaient servi à cette occasion.

Othon III fut tellement ravi de la cordiale et magnifique réception que lui avait faite Boleslas, qu'après s'être rendu compte du grand courage, du génie militaire et des qualités autres du nouveau souverain de Pologne, il prit, au moment de son départ, la couronne impériale placée sur sa, tête et la plaça sur celle de Boleslas, s'adressant à lui comme à une *« Majesté royale »*, titre que jusque là les Allemands avaient refusé de reconnaître à son prédécesseur Miecislas, aussi bien qu'à lui-même, et qui fut bientôt confirmé officiellement par le Pape.

Mais à la mort de l'empereur Othon III, qui survint quelque temps après sa visite à Gniezno, son successeur Henri II, offensé contre Boleslas qui avait annexé à la Pologne trois provinces slaves dont l'empereur d'Allemagne revendiquait la souveraineté, lui déclara la guerre. Boleslas gagna la première bataille, à la suite de laquelle la paix fut conclue et Mozavie, une autre province slave, concédée à Boleslas.

A peine était-il débarrassé des Allemands, que d'autres ennemis vinrent le harceler. En Russie Rouge (aujourd'hui

Galicie Orientale, Podolie, Volhynie et Ukraine), régnaient alors plusieurs princes qui, tout en vivant dans de perpétuelles discordes, unirent leurs efforts pour porter le trouble en Pologne. Boleslas, pénétra en Russie Rouge avec son armée et, ayant gagné une bataille décisive aux bords du fleuve Bug, marcha directement sur la grande ville de Kiew, située sur le Dnieper et possédant, ente autres richesses, 400 églises du rite orthodoxe grec. Il fit le siège de cette cité aux fameuses portes d'or. L'ayant prise d'assaut, il y entra en conquérant. En passant par l'une de ces portes ; il la frappa de son épée et cette arme entaillée fut conservée dans un musée de la capitale de Pologne, et exhibée pendant les cérémonies du couronnement de chaque roi de ce pays. Chaque soldat eut sa part de butin de cette ville opulente, d'aspect oriental ; Boleslas ne prit guère peur lui-même que les portes d'or du couvent de Sainte Sophie, qu'il destina à la ville de Gniezno et qui firent l'ornement de sa cathédrale.

Ayant passé un traité avec la Russie Rouge et enclavé une partie de cette province dans son propre royaume, le roi rentra en Pologne. Mais avant de quitter Kiew, il fit ériger dans les profondeurs du fleuve Dnieper une immense colonne ou obélisque en mémoire de sa victoire sur cette cité. A son retour dans sa capitale, il s'occupa activement de l'organisation intérieure de son pays, qui ne pouvait que souffrir des absences prolongées de son maître.

Jusque là, forcé par les voisins jaloux de sa gloire à des guerres perpétuelles, Boleslas n'avait pas été en état de se dévouer aux affaires domestiques de sa nation, et ce n'est qu'après que ses nombreuses et brillantes victoires lui eussent assuré la paix, qu'il pût consacrer son temps à l'ordre et au bien-être de ses domaines.

Ce n'était point une tâche facile, et les différentes tribus slaves qu'il avait soumises et sur lesquelles il régnait, lui donnèrent beaucoup de peine et de travail avant qu'il ne réussit à les apaiser. En somme, il fut obligé de veiller sans cesse sur ses nombreuses acquisitions, aptes à exciter toujours l'envie de ses voisins allemands qui n'attendaient qu'une occasion favorable pour s'en emparer comme d'un bien dont la possession leur revenait de droit légitime. Mais étant un administrateur aussi sage qu'il était un guerrier vaillant, il sut faire face à toutes ces difficultés et mettre ses desseins à exécution.

Pour ne point faire de méprises en ces matières importantes car l'homme le plus habile est sujet à erreur, Boleslas s'associa une douzaine de conseillers choisis parmi les plus éclairés et les plus intègres du royaume et parcourut en leur compagnie le pays entier, rendant justice partout où sa présence était nécessaire. Là où les faibles étaient oppressés par les nobles ou par les patrons, après s'être convaincu de la véracité du plaignant, il invitait les deux partis à paraître devant lui et faisait punir corporellement le coupable, c'est à dire le fouetter sévèrement en public. Cette invitation à se présenter devant le roi Boleslas obtint le nom de *'bain sec'*.

Il prenait aussi grand soin de l'instruction de son peuple, et comme en ce temps l'instruction reposait exclusivement entre les mains des moines, il éleva des monastères dans différentes parties de son royaume, les dotant richement à condition que les religieux s'occuperaient de l'instruction chrétienne de toute la population d'alentour.

Ce grand monarque, que la postérité qualifia du nom de *'Brave'* mourut en 1025, laissant à son fils Miecislas Ier un royaume étendu et bien organisé. Son corps fut enterré en la cathédrale de Posen, qui devint la capitale du pays, après que Gniezno eût cessé de l'être.

En visitant cette ville, aujourd'hui à moitié germanisée, ou trouvera dans sa cathédrale les tombes de Miecislas Ier et de Boleslas le *'Brave'* ou le *'Grand'*. Le premier tient en main une croix en souvenir de sa conversion avec tout son peuple à la religion chrétienne. Le second est représenté appuyé sur son épée en signe des conquêtes à l'aide desquelles il agrandit le territoire dont il fut le souverain.

Après la mort du grand et vaillant Boleslas, son fils Miecislas II fut proclamé roi, mais la nation ne pouvait se consoler si tôt de la perte de cet éminent monarque et durant toute une année le deuil le plus rigoureux fut observé ; toute fête, toute réjouissance publique fut strictement interdite. De tous côtés on se demandait avec angoisse :

« *Qui nous remplacera le père que nous avons perdu ?* »

Ces appréhensions ne tardèrent pas à se réaliser, car son successeur Miecislas fut un poltron, un libertin se laissant gouverner par sa femme Ryxa, une allemande, qui introduisit dans son royaume une corruption sans bornes et une détestable vénalité.

Miecislas II, après une vie de désordres et d'intempérance, mourut en 1034 jeune encore, laissant un fils, Casimir, en bas âge, et la régence de ses Etats à sa femme Ryxa. Son peuple l'appela le *'Fainéant'*, nom que l'histoire a d'ailleurs confirmé.

La régence de la princesse allemande fut néfaste pour la Pologne. Au bout d'un an, le pays se révolta, chassa la régente qui emmena son fils et emporta la couronne et tous les trésors gardés dans les caisses de l'Etat.

L'interrègne dura plus de cinq années, pendant lesquels la Pologne fut accablée d'infortunes provenant de tous ses voisins et surtout des Allemands, qui faisaient de fréquentes irruptions dans ce pays et qui reprirent peu à peu les provinces jadis conquises par Boleslas.

Durant l'une de ces invasions, les Bohèmes s'avancèrent jusqu'à la capitale, pillèrent Gniezno et s'efforcèrent, mais en vain, d'en enlever le corps de Saint Adalbert. A la longue, une partie de la population, attribuant ses malheurs à l'introduction de la religion chrétienne, retomba dans le paganisme.

Enfin, ce triste état du pays détermina les plus sages et les meilleurs patriotes de la noblesse polonaise à se mettre à la recherche de leur roi légitime Casimir, qui poursuivait ses études dans un couvent de Liège, en Belgique.

Comme il venait d'atteindre sa majorité, ils le supplièrent de rentrer en Pologne et de reprendre le sceptre qui lui revenait de droit pour sauver son pays de l'anarchie qui y régnait depuis son départ et son séjour prolongé à l'étranger.

Casimir, ne subissant plus l'ascendant fatal de sa mère se rendit aux prières des notables polonais et, ayant repris la couronne qu'il trouva entre les mains de Ryxa, arriva en Pologne vers la fin de l'année 1040.

Ce n'était point une tâche aisée que de relever un pays où, pendant près de six ans, un état d'anarchie complète avait prévalu.

Cependant, avec un grand courage et beaucoup de persévérance, ainsi qu'avec le concours des vrais patriotes, l'ordre fut graduellement rétabli et Casimir reprit une à une les provinces dont la Pologne avait été privée pendant le règne indolent de son père, la régence corruptrice de sa mère et l'interrègne qui suivit.

Après un règne laborieux qui dura dix-huit ans et fut hérissé de grandes difficultés, ce bon prince mourut en 1058, laissant sa patrie régénérée. Deux fils, Boleslas et Ladislas lui survécurent.

Casimir, grâce à sa conduite prudente et à sa haute loyauté durant tout son règne, mérita le titre de *'Restaurateur'* que la postérité lui accorda, et c'est sous ce nom qu'il fut connu dans l'histoire de son pays.

Boleslas II surnommé *'le Hardi'*, fils aîné de Casimir, jeune encore, car il comptait, seize ans à peine, monta sur trône de Pologne en 1058 et fut couronné à Gniezno. Peu de temps après, trois princes étrangers, exilés de leurs royaume, par leurs sujets, vinrent à sa cour en réclamant assistance et protection du jeune roi de Pologne.

Ces trois souverains étaient :

>Jaromir, prince de Bohême ;
>Bela, prince de Hongrie ;
>Izaslaw, prince de Kiew.

Tous les trois demandaient à être réinstallés dans leurs royaumes respectifs.

Boleslas 'le Hardi', à la tête d'une vaillante armée, défit les Bohêmes et les Hongrois et rétablit les deux princes sur leurs trônes, puis, se souvenant que son grand aïeul, Boleslas 'le Brave', avait jadis marché sur Kiew et l'avait pris d'assaut, n'hésita pas à se rendre dans ce pays lointain pour en replacer la couronne sur la tête d'Izaslaw, à condition que ce dernier reconnaîtrait le roi de Pologne souverain de toute la Russie Rouge.

Les habitants de la grande et belle ville de Kiew, dont les ancêtres avaient gardé le souvenir des brillantes victoires remportées par l'arrière grand'père du roi qui marchait contre eux à la tête de son armée, furent alarmés et, redoutant de mesurer leurs épées contre celle du jeune vainqueur des Hongrois et des Bohèmes, évacuèrent les portes de la cité et lui en remirent les clefs, afin qu'il puisse y entrer en conquérant. Boleslas ayant restauré Izaslaw sur son trône, passa l'hiver à Kiew, à la grande satisfaction de son état-major avide des plaisirs dont cette somptueuse capitale était le centre.

Après avoir pris une large part des distractions offertes à l'armée polonaise, Boleslas 'le Hardi' se détermina à rentrer dans ses Etats. Sur ce, ayant appris que les Hongrois s'étaient une fois de plus révoltés contre leur prince Bela, il entra en Hongrie, réprima les nouveaux désordres et replaça définitivement le prince sur son trône.

A peine eut-il atteint son propre pays, que la nouvelle d'une révolution à Kiew et du détrônement du prince Izaslaw s'y répandit. Forcé de prêter main forte à son vassal, il revint avec une grande armée aux portes de cette ville, dont les habitants, refusant de se soumettre une seconde fois, préparèrent une vigoureuse résistance. Boleslas assiégea Kiew et en défendit l'accès à toute alimentation, jusqu'à, ce que les habitants affamés se vissent obligés de capituler. Il pénétra alors dans la cité en vainqueur avec son armée et y resta sept ans, s'abandonnant aux plus licencieux excès. La dégradation et l'ivresse extrême, démoralisèrent tellement le roi de Pologne et sa suite, qu'il ne fut plus capable de déployer les qualités martiales qui le distinguaient autrefois.

Pendant cette longue et pénible absence du souverain, les affaires intérieures du royaume souffrirent immensément. Les plus forts d'entre ses sujets se mirent à opprimer les plus faibles. La corruption s'étendit à toutes les classes. Les épouses abandonnèrent leurs maris adonnés aux dissipations de Kiew et contractèrent de nouvelles alliances, s'y considérant autorisées par l'inconduite des absents, mais ces derniers, apprenant l'infidélité de leurs femmes quittèrent le roi l'un après l'autre et rentrèrent en Pologne afin de punir leurs perfides compagnes.

Boleslas, se voyant abandonné de ses compagnons et détesté, des habitants de Kiew, se détermina à revenir dans son pays. Mais il était devenu si efféminé en ces sept années d'absence, qu'il ne fut plus capable de régner glorieusement et, accoutumé à l'irrégularité de l'existence de Kiew, il voulut la continuer dans son propre royaume, en commençant par enlever la femme d'un de ses sujets, ce qui fut d'un exemple pernicieux pour son peuple.

Stanislas Szczepanowski, évêque de Cracovie, blâma sévèrement le roi pour son immoralité et, voyant que ses avis ne produisait aucun effet et que Boleslas persistait dans ses désordres, il l'excommunia publiquement.

Boleslas, furieux de l'anathème jeté sur lui, assassina, l'évêque pendant qu'il célébrait la messe à l'église de Skalka, située sur une élévation aux abords de Cracovie. Ce funeste et malheureux événement eut lieu le 8 mai 1079.

La nouvelle de ce crime épouvantable, commis par celui qui, du haut de son trône, devait donner l'exemple de la modération et de la respectabilité, causa une consternation générale. Le pape, tout en excommuniant Boleslas, fit fermer toutes les églises de Pologne et retira le titre de roi aux souverains de Pologne. Le pays fut plongé dans le désespoir.

Le roi, auquel on donna le nom de *'Hardi'* à cause de sa valeur et de son intrépidité, excommunié par le Pape et maudit par ses sujets, termina ses jours criminels dans un couvent de Hongrie où, voulant être oublié de tout l'univers, il choisit l'humble office de souillon.

Bolesłas II le Hardi Alphonsa Léona Noëla

Chap. Troisième

Après le crime monstrueux commis par Boleslas II *'le Hardi'* son frère cadet Ladislas Hermann hérita du trône vacant.

Ladislas ne possédait point les qualités de ses ancêtres ; il fut indolent et paresseux. La première erreur qu'il commit à son avènement fut de prendre le titre de prince, au lieu de se laisser couronner roi de Pologne, ce que le Pape, malgré l'excommunication de son frère aîné, aurait confirmé et ce dont ses successeurs auraient bénéficié à l'avenir. Il épousa Iudith, fille du roi de Bohême dont il eut un fils qui naquit avec la bouche de travers et qui, grâce à cette infirmité, fut connu dans l'histoire sous le nom de Boleslas III *'Bouche Torse'*.

Ladislas Herrman, absolument incapable de régner, ne se souciait pas de se mettre au courant des affaires de l'État, et passa ses pouvoirs et son autorité à son favori Sieciech, homme méchant et injuste, qui condamnait ceux qui ne le flattaient pas, à la peine de mort ou d'exil ou tout au moins à la confiscation de leurs biens. A bout de patience, un grand nombre de nobles se sauvèrent en Bohême, afin d'éviter les persécutions de cet ignoble favori, et sollicitèrent le prince Brzetyslaw de les aider à venger leurs outrages.

Le prince de Bohême se rendit à leurs prières et, ayant découvert qu'un fils aîné, quoique illégitime, de Ladislas Herrman, était élevé dans un couvent de Bohême, il l'engagea à se mettre à la tête de son armée et à entrer en Pologne, pour en chasser Sieciech, l'homme de confiance de son père.

Les deux fils légitime, l'autre illégal, unirent leurs efforts pour le favori du roi hors de son pays et y réussirent fort heureusement. Ce résultat était d'ailleurs ardemment désiré par toutes les classes du royaume.

L'indolent monarque, après l'exil de son confident, n'eut d'autre soin que de concilier les intérêts de ses deux fils. Las des soucis du pouvoir, il mourut bientôt, abandonnant le trône de Pologne à son fils légitime, Boleslas III, dit 'Bouche-torse'.

A cette époque, les Polonais avaient pour ennemis les Bohèmes, les Allemands, les Russes et les Poméraniens, avec lesquels il étaient en guerre perpétuelle, et nul ne fut plus apte à leur commander que Boleslas III 'Bouche-torse' qui naquit guerrier pour ainsi dire, et qui, dès l'Age de dix ans, embrassa la rude profession des armes. Il possédait en outre un excellent caractère et quoique, comme héritier direct il eût le droit de royauté sur tous ses Etats, il en donna une partie à son frère Zbigniew à titre de régence autonome.

Boleslas III épousa une princesse de Kiew. La cérémonie nuptiale fut splendide et l'heureux roi de Pologne combla de dons magnifiques tous ceux qui se trouvaient présents à la célébration de son mariage.

Ces fêtes furent suivies bientôt de troubles différents. Zbigniew, fils illégitime de Ladislas Herrman, jaloux de la puissance de son frère cadet, dont il devait être sujet, fomentait les ennemis de la Pologne à envahir les Etats de Boleslas. Ce dernier, grand homme de guerre et heureux dans toutes se entreprises, les expulsa l'un après l'autre victorieusement.

Henri V, empereur d'Allemagne, qui voulait détrôner Boleslas au profit de son frère Zbigniew dont il espérait faire son vassal avec plus de facilité, fut complètement mis en déroute par Boleslas sous les murs de Breslau. Dans cette bataille, mémorable entre les guerres de Pologne, un si grand nombre d'ennemis fut tué que les Allemands en fuite, n'ayant pas le temps d'ensevelir leurs morts, abandonnèrent ces restes innombrables en pâture aux chiens, dont les bandes affamées les dévorèrent avidement. Ce champ de bataille aux portes de Breslau, est appelé jusqu'à nos jours *'champs des chiens'* et en Allemand *'Hundsfeld'*.

Boleslas III Bouche-torse fut à la fin tellement abreuvé d'amertume par son frère Zbigniew, qu'il donna des signes non équivoques du désir qu'il avait de s'en débarrasser par n'importe quels moyens. Ses trop zélés courtisans, croyant lui complaire, assassinèrent Zbigniew. La conscience de Boleslas lui reprocha cruellement ce fratricide involontaire.

Boleslas III, soldat grand et intrépide, gagna quarante sept batailles pendant les trente-six ans de son règne, ne cessant d'être vainqueur que vers la fin de sa vie.

L'empereur d'Allemagne, désireux de venger sa défaite aux abords de Breslau par une victoire splendide, réunit des forces considérables et déclara encore la guerre au monarque polonais. Bien que Boleslas III eut d'aussi habiles chefs militaires et une nombreuse armée, remarquablement dressée pendant ses campagnes, il recula devant une nouvelle effusion de sang et envoya un ambassadeur avec la recommandation de conclure la paix.

En matière de réponse, l'empereur d'Allemagne ouvrit devant l'ambassadeur Skarbeck des caisses pleines d'or prouvant qu'il avait moyen de mener à bonne fin la plus laborieuse des guerres et que, par conséquent, il ne se souciait pas d'accepter les propositions du roi de Pologne.

Skarbeck voyant tant d'or étalé devant lui, Ôta de son doigt une bague très précieuse et, la jetant dans une des caisses, dit avec hauteur : « *Que l'or s'allie à l'or* ». L'empereur, stupéfait et gêné de cette action, ne trouva d'autre parole à répondre que '*Habdank*' (je vous remercie) et depuis ce temps la famille des Skarbeck, qui existe toujours, porte dans son écusson la devise allemande '*Habdanck*'.

Après un règne glorieux mais pénible qui dura trente-six ans, Boleslas III Bouche-torse mourut en 1139. Avant son décès, il fit un testament par lequel il partagea le royaume de Pologne entre ses quatre fils, mais comme il en avait cinq, on lui fit observer qu'il déshéritait le dernier. À quoi il répliqua :

« *Un char qui a quatre roues ne peut se passer de conducteur ; mon cinquième fils le sera* ».

Cette prophétie se réalisa en effet pleinement.

Il est à noter que, depuis Ziemowysl, père de Miecislas I, qui fut converti au christianisme, jusqu'à la mort de Boleslas III Bouche-torse, une période de 281 ans s'étaient écoulée.

Ce long intervalle appelé par les historiens 'première époque', est connu sous le nom d'époque conquérante de l'Histoire de Pologne.

Dans le fait, pendant toute cette période, les monarques polonais portant soit le titre de rois, soit simplement celui de princes, possédèrent pour la plupart l'esprit de conquête, élargissant leurs frontières, aux dépens de celles d'autrui. Parmi tous les souverains qui régnèrent alors en Pologne, les trois Boleslas furent sans contredit les plus vaillants et contribuèrent le plus à l'agrandissement de leur pays.

Il faut aussi observer que, pendant cette première période, les souverains furent les législateurs absolus de leur pays et, bien qu'en général ils respectassent les traditions et habitudes des peuples conquis et annexés, leur volonté seule faisait loi, n'étant sujette à aucune objection ni contrôle.

Cette oligarchie politique perdit pourtant de sa puissance vers la fin de cette époque. Boleslas Bouche-torse ne gouverna plus avec le même despotisme arbitraire que son glorieux prédécesseur Boleslas le Grand, car le haut clergé et les nobles, surtout ceux qui étaient gouverneurs de provinces, avaient acquis des pouvoirs énormes qui pouvaient tenir en respect même la volonté fougueuse de leurs souverains.

Le fait est, que depuis la mort de Boleslas III, les rois perdirent de leur autorité et que l'aristocratie et le clergé partagèrent avec eux le suprême pouvoir.

En ces temps lointains, les habitants de la Pologne ne jouissaient pas encore de la sécurité dans laquelle vécurent leurs descendants après que le pays fut organisé et civilisé. Les premiers étaient continuellement exposés à l'invasion des étrangers ou aux attaques des brigands qui peuplaient les cavernes des forêts d'alentour. L'unique protection et défense du pauvre paysan ou laboureur était le seigneur qui vivait dans son château fortifié, bien armé et tenant ses chevaux toujours sellés, prêt à repousser l'ennemi et à poursuivre le malfaiteur et, s'il était bon et humain, à donner asile à ses vassaux ruinés.

Durant la période préhistorique, les tribus slaves qui habitaient différentes contrées avant de former le royaume de Pologne, ne connaissaient rien du noble ni du paysan, tout homme était soldat et défenseur de sa patrie. Une égalité parfaite régnait entre eux. Mais quand les Allemands, les Poméraniens et autres voisins commencèrent à les troubler d'invasions fréquentes, ils trouvèrent nécessaire de se grouper autour d'un chef habile, capable de les commander et de les défendre. On construisit alors des châteaux forts, dont ces chefs devenaient les maîtres, les simples soldats restaient comme avant cultivateurs et ouvriers ; de là naquit le plus dur esclavage pour les derniers et la plus licencieuse liberté pour les autres.

Le clergé s'efforçait, en prêchant l'Évangile, d'adoucir les mœurs barbares des seigneurs et des vassaux. Les nobles étaient coutumiers non seulement d'oppression, mais même de meurtre envers leurs serfs sans être appelés à rendre compte de leur inhumanité. Quand les admonitions du clergé ne produisaient pas d'effet, on avait recours à l'excommunication.

Une personne excommuniée ne pouvait entrer aucune église et ont l'évitait comme la peste. C'était une punition tellement sévère que, ainsi qu'il a été dit plus haut, le valeureux et puissant Boleslas II 'le Hardi' fut obligé de se retirer dans un couvent de Hongrie, après l'anathème jeté contre lui, et d'y expier ses crimes.

Il n'y avait, à cette époque, ni routes ni canaux en Pologne. En traversant d'immenses forêts, les voyageurs étaient guidés de jour par le soleil et par les étoiles la nuit, comme ces marins de jadis avant l'invention de la boussole. Les bois étaient peuplés d'animaux sauvages, tels que bisons, élans, cerfs, castors, lynx, loups et ours. Ceux-là étaient exterminés soit pour s'en nourrir, soit pour se défendre contre leurs atteintes. Il y avait aussi de grands lacs et cours d'eau où le poisson abondait. Ces dons de la nature avaient bien plus d'importance alors que dans la suite, car le travail de la terre ne pouvait toujours fournir d'aliments à ceux qui la cultivaient. En effet, il arrivait souvent qu'à l'approche des récoltes attendues les ennemis du dehors ou les bandits de l'intérieur envahissaient la contrée, foulant aux pieds et détruisant en un moment les champs dont le produit devait être l'unique nourriture des habitants pendant toute l'année à venir. De sorte que, si l'on n'avait eu la ressource des bêtes fauves dans les bois et des poissons dans l'eau, on aurait fréquemment souffert de la famine. Ce n'est que plus tard, sous le règne des bons rois, que la surface du pays fut peu à peu changée, les vastes forêts essartées et le sol cultivé péniblement. Il y a pourtant des circonstances où, malgré les bienfaits de la paix, la guerre devient une nécessité.

C'est quand l'honneur ou l'indépendance d'une nation sont menacés. Alors tout homme valide doit se faire soldat et le vieillard ou l'infirme doit participer de sa fortune et de ses conseils à la défense du foyer en danger. S'il n'écoute que son égoïsme, s'il préfère se reposer, pendant que d'autres font le sacrifice de leur vie et de leurs biens, il n'est qu'un fils indigne de la mère patrie qui lui a donné le jour.

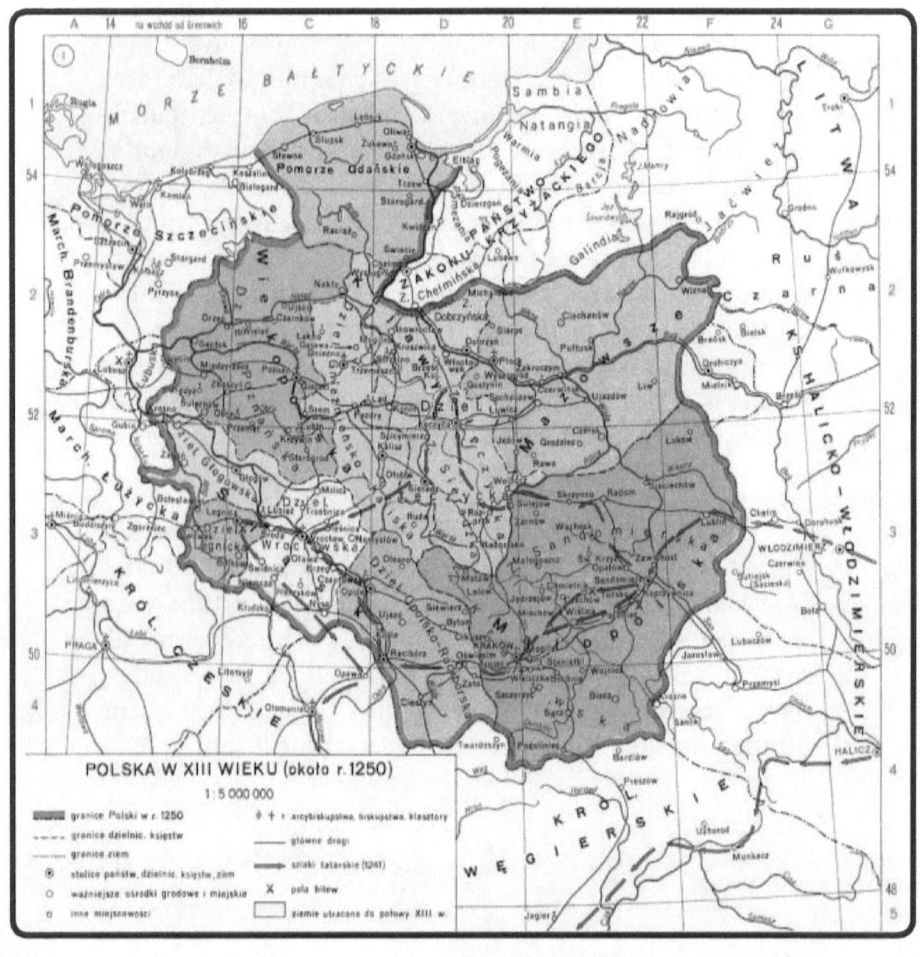

Chap. Quatrième

Seconde Epoque
1139~1335

Il a été dit que Boleslas III 'Bouche-torse' divisa à sa mort son royaume entre quatre de ses fils — comme un riche propriétaire partage ses terres au profit de ses enfants. La différence est pourtant grande. Une pièce de terrain peut, sans préjudice, avoir plus ou moins d'étendue. Une part de royaume est plus difficile à détacher d'un ensemble parfait. Aussi longtemps qu'une nation est toute entière sous un gouvernement monarchique ou républicain, elle est forte et puissante, mais dès qu'elle se trouve morcelée, elle devient la proie des factions et des rivalités. Voilà ce que nous enseigne la seconde période de l'histoire de Pologne.

Le fils aîné de Boleslas III, nommé Ladislas II, ayant hérité pour sa part d'une portion de la Poméranie, de la

Silésie et du grand-duché de Cracovie avec ses dépendances, aurait dû habiter la capitale de tout le royaume, qui était alors Cracovie, et, selon la volonté de son père exercer une espèce de souveraineté à l'égard de ses trois frères, qui régnaient sur les autres provinces de Pologne.

Ladislas II épousa, du vivant de son père, Agnès, fille de l'empereur d'Allemagne. Elle était ambitieuse et accablait son mari de reproches, lui disant qu'elle l'avait accepté pour régner sur toute la Pologne et non sur une partie insignifiante du pays. Elle l'irrita tellement qu'il résolut de se saisir des autres provinces, lesquelles, de par la volonté paternelle, appartenaient à trois de ses frères. Pour accomplir ce dessein, il appela à son aide les Bohèmes et les Ruthènes de la Russie Rouge et, pressé par son orgueilleuse épouse, il s'empara de la province de Sandomir, appelée petite Pologne, qui se trouvait sous la domination de son frère Henri, et de celle de Pion où régnait Boleslas IV surnommé 'le Crépu'.

Ces deux frères, dépossédés de leurs patrimoines, se réfugièrent auprès du quatrième d'entre eux, Miecislas III, dit le 'Vieux', qui possédait le duché de Posnanie avec ses dépendances.

Ladislas II, non content de sa souveraineté sur trois parties de la Pologne, désirait ardemment se rendre maître de la quatrième pour satisfaire sa femme Agnès en la rendant reine du royaume entier. Mais une ambition illimitée est souvent punie par la Providence.

Malgré l'assistance de ses alliés Bohèmes et Ruthènes de la Russie Rouge, Ladislas II fut totalement défait, sous les murs de Posen, par les forces réunies de ses trois frères dépossédés, et se vit obligé en compagnie de sa femme, de chercher refuge chez son beau-père, l'Empereur d'Allemagne Frédéric Barberousse.

Boleslas IV 'le Crépu', ainsi surnommé en raison de ses cheveux bouclés, fut alors appelé à Cracovie pour prendre la place de Ladislas II. Il vendit Sandomir à son frère Henri. A peine eut-il commencé à régner sur le duché de Cracovie et les possessions de son frère aîné, qui avait trouvé asile en Allemagne, que l'Empereur, voulant réinstaller son gendre sur le trône que son ambition lui avait fait perdre, vol ra en Pologne avec une armée considérable, détruisant et brûlant les villes et villages sur son parcours et ne s'arrêtant qu'au portes de Posen. Les Polonais, bien moins nombreux, voyant l'impossibilité d'une résistance, demandèrent la paix, et Boleslas IV eut à accepter de bien dures et humiliantes conditions. Il fut obligé d'aller nus-pieds, vêtu d'une longue et grossière chemise, avec son épée pendue au cou, demander grâce à l'Empereur et promettre de payer une forte contribution comme indemnité des frais de guerre, tout en s'engageant à restituer à, Ladislas le territoire qu'il avait perdu.

Mais, après le départ de l'armée allemande ces promesses restèrent inaccomplies, car Ladislas II mourut en 1159. Ses fils obtinrent alors la Silésie, qu'ils divisèrent en plusieurs petites principautés, et qui pendant une période de temps considérable demeura gouvernée parles descendants de la dynastie de Piast.

Boleslas IV, après être rentré à Cracovie, envoya une armée en Prusse pour en convertir les habitants, encore païens, à la foi chrétienne.

Aussi longtemps que les Prussiens sentirent l'épée suspendue au dessus de leurs têtes, ils feignirent d'être chrétiens, mais dès que l'armée polonaise fut loin, ils revinrent au paganisme.

A un certain moment, les Prussiens attirèrent les Polonais dans un marais insondable, en leur montrant à distance des pâturages couverts de bétail qui était absolument nécessaire à leur nourriture. Cette trahison coûta la vie à Henri, duc de Sandomir, ainsi qu'à un grand nombre de seigneurs et de guerriers, qui périrent les uns dans les profondeurs des marécages, d'autres par les flèches empoisonnées des Prussiens.

Casimir, cinquième fils de Boleslas III, qui avait été déshérité par son père, succéda à son frère Henri au duché de Sandomir.

Après le décès (1173) de Boleslas IV le Crépu — Miecislas III, 'le Vieux', duc de Posnanie, fut appelé à régner sur trois parties du Royaume, la quatrième appartenant à ce Casimir, le plus jeune des fils de Boleslas III,

Miecislas III 'le Vieux', désirant introduire de l'ordre dans son royaume y édicta des sanctions draconiennes pour la moindre infraction— ce qui offensa gravement les Polonais — sentiment que l'avarice du roi ne fit qu'augmenter. Il en arriva à faire refondre plusieurs fois la même monnaie, toujours avec un nouvel alliage de vil métal, et força le peuple à l'accepter. Cette dépréciation du trésor national fit beaucoup de tort au commerce du pays, ce dont les pauvres souffrirent principalement.

Les habitants de Cracovie se révoltèrent et appelèrent au trône le plus jeune des cinq frères, Casimir, duc de Sandomir, chassant Miecislas qui alla se réfugier à Posen, dans ses états héréditaires (1177).

Casimir II, surnommé 'le Juste', convoqua dès son avènement les évêques et les grands seigneurs du pays à Leczyca, ville importante de la province de Mazovie, et institua un Sénat, qui a toujours, depuis, possédé le droit d'assister le roi de ses conseils et de gouverner la Pologne de concert avec lui.

Cette politique avait du bon, car elle modifiait le pouvoir absolu des souverains, les empêchant de créer des lois nouvelles, d'oppresser le peuple et de déclarer la guerre au gré de leur fantaisie personnelle, mais d'un autre Côté elle renflait une oligarchie de seigneurs et de haut clergé qui pouvait devenir menaçante. Les nobles bâtirent des forteresses, qu'ils peuplèrent de troupes armées à leur solde, et leur audace ne connût plus de bornes. Ils se prirent de querelles entre eux, et finirent par se déclarer réciproquement la guerre. La petite noblesse, les habitants des villes et les paysans souffrirent bien plus du despotisme de ces nombreux roitelets que s'ils avaient été soumis au pouvoir d'un seul tyran.

Après la mort de Casimir 'le Juste' (1194) Miecislas III 'le Vieux', qui avait conservé quelques partisans à Cracovie, tenta d'y revenir, mais le fils de Casimir, Leszek, appelé 'le Blanc' à cause de la teinte blafarde de ses cheveux, avait déjà été placé sur le trône de son père. Comme il n'était qu'un enfant, confié à la régence de sa mère Hélène, Miecislas fit à cette princesse des propositions si séduisantes qu'elle consentit à lui céder la couronne de son fils et se retira avec le petit prince à Sandomir. Mais Miecislas ayant derechef encouru la disgrâce de ses sujets, fut obligé de se sauver encore une fois de Cracovie à Posen, et y mourut bientôt après.

Deux d'entre les notables du pays, Nicolas, woïevode de Cracovie, et Pelka, sénateur, prirent en main les rênes du gouvernement et envoyèrent une députation à Sandomir, sollicitant, le roi Leszek 'le Blanc' de venir reprendre possession de son royaume s'il consentait à congédier son fidèle ami et tuteur, Goworek, et à s'en séparer officiellement. Leszek préféra l'amitié de celui qui l'avait élevé et lui avait enseigné les lois de l'honneur et du devoir, au trône offert par les deux puissants et turbulents seigneurs de Cracovie, et refusa de se rendre à leurs instances, donnant un exemple magnifique, de fidélité et de noblesse de caractère.

Goworek lui conseilla d'accepter et implora son pupille de l'éloigner et de prendre d'une main ferme le sceptre de la

Pologne, qui lui avait été proposé à cette condition. Leszek fut immuable dans sa détermination et, baigné de larmes, adressa à la députation, la réplique suivante :

> « *Je ne saurais avoir confiance en les bonnes intentions de ceux qui veulent me priver des conseils de mon meilleur ami.* »

En recevant cette réponse inattendue, les deux notables, qui avaient été investis du pouvoir suprême après l'exil de Miecislas le 'Vieux', persuadèrent au fils de ce dernier, Ladislas, surnommé 'le Long' à cause de la longueur et de la maigreur de ses jambes, de prendre possession du trône, sur lequel son père était monté deux fois. Mais ce prince, quoique bon et loyal, ne régna pas longtemps, car le tout-puissant woïevode Nicolas, étant décédé, il n'eut plus de partisans, et reprit de bon gré le chemin de sa résidence Gniezno, première capitale du royaume de Pologne.

Pendant le règne de Ladislas III, qui fut de si courte durée Leszek 'le Blanc', parvenu à l'âge de raison, remporta une brillante victoire sur le prince Romain ; duc de la Russie Rouge, qui était venu dévaster le duché de Sandomir. Lorsque la nouvelle de ce triomphe se répandit dans le pays, la haute noblesse de Pologne, invita encore une fois Leszek à prendre place sur le trône de Cracovie, ce qu'il accepta.

Immédiatement après son avènement, Leszek se rendit en Poméranie pour y apaiser les troubles causés par un certain Swiatopelk qu'il avait nommé gouverneur de cette province et qui paya cette faveur d'ingratitude en fomentant des désordres et refusant de verser le tribut annuel dû au roi de Pologne.

Ce fut une expédition néfaste pour le jeune monarque, car le gouverneur lança sur ses pas des bandits poméraniens qui l'assassinèrent pendant qu'il prenait un bain dans son camp, en 1227.

Leszek avait un frère Conrad auquel il avait donné le duché de Mazovie, situé à proximité des Etats prussiens, dont les habitants, païens encore, faisaient de fréquents ravages dans ce pays en y semant la désolation. Conrad, pour se défendre contre ces barbares ennemis, fit une alliance avec les Chevaliers Teutons qui, à leur retour des croisades, s'installèrent dans l'Empire d'Allemagne, aux bords de la mer Baltique, afin de convertir au christianisme la population idolâtre de Prusse. Cette alliance fut désastreuse pour la Pologne, car l'Ordre Teutonique devint, par la suite, l'ennemi le plus acharné des Polonais, et quelques siècles plus tard, la première cause de leur décadence.

Après l'assassinat de Leszek en Poméranie, son fils Boleslas IV dit 'le Timide' lui succéda. Il n'était âgé, que de six ans et par conséquent confié aux soins d'un curateur. Ce poste était plein de tentations et de difficultés. Le petit roi ne signifiait rien et son curateur représentait le pouvoir suprême. Deux rivaux se disputèrent ces fonctions, Conrad, prince de Mazovie, et Henri, prince de Silésie, et suivant les chances des combats, tantôt l'un et tantôt l'autre devenait curateur du jeune souverain. Ces incessantes rivalités ne contribuèrent certes pas au bonheur du pays, car pendant le long règne de Boleslas IV 'le Timide' qui dura cinquante-deux ans, de 1227 à 1279, presque, toutes les calamités possibles affligèrent la Pologne.

En 1238, Boleslas ayant atteint sa majorité, et les curateurs n'ayant plus droit, de régence, le jeune roi, afin de consolider sa dynastie, épousa Cunégonde, fille de Béla, roi de Hongrie, laquelle était une femme pieuse et bienfaisante. Une légende attribue à Cunégonde la découverte des mines de sel à Wieliczka, près de Cracovie. Ces salines furent pendant bien des années une source de grande prospérité pour la Pologne et quand, plus tard, cette partie du royaume échut à l'Autriche, elles contribuèrent à agrandir le revenu de cet Empire.

La légende mentionnée plus haut est intéressante à connaître. Lorsque Cunégonde, encore adolescente, habitait, en Hongrie, le château de son père, elle vit au cours d'une promenade, une ouverture pratiquée dans l'orifice d'une saline de son pays, et y jeta spontanément une bague qu'elle portait à son doigt en disant :

« Je suis sûre de retrouver mon précieux bijoux en temps opportun ».

Aucune attention ne fut accordée à ces paroles prononcées par une enfant et elles furent vite oubliées, lorsqu'en venant à Cracovie, après son mariage avec Boleslas 'le Timide', et se souvenant de l'incident arrivé on Hongrie, près d'une saline, elle ordonna de creuser une ouverture profonde à Wieliczka, en ce temps, village insignifiant à deux lieux de distance de Cracovie. Or là, dans une masse énorme de sel, fut retrouvée la bague qu'elle avait jadis jetée au fond d'une crevasse béante de son pays natal.

La découverte de cet anneau fut considérée comme un miracle, l'endroit fut soigneusement exploré et on y trouva ces dépôts précieux de sel qui sont actuellement une source intarissable de richesse pour le trésor autrichien.

Écartant toute idée de merveilleux, il est indubitable que les salines de Wieliczka furent découvertes du temps de Boleslas 'le Timide' peu de temps après son mariage avec Cunégonde, fille du roi de Hongrie, en 1238.

Pendant le règne infortuné de ce souverain, une invasion terrible dévasta la Pologne et plusieurs provinces slaves avoisinantes.

En Asie, les steppes immenses situées entre les mers Noire et Caspienne, étaient habitées par des tribus barbares de race mongole, qui n'ensemençaient ni ne cultivaient la terre. Ils campaient sous des tentes, et leurs seuls biens consistaient en des chameaux et des chevaux, dont la chair leur servait d'aliments et dont le lait était leur breuvage accoutumé. Ils ne vivaient que du pillage des contrées adjacentes. Ces hordes au teint bronzé, aux yeux petits, au nez écrasé, appelés Tartares, avaient depuis le commencement du treizième siècle, sous le commandement de leur formidable chef Gengis-Khan, tenu.Moscou et les Russes dans une sanglante et terrifiante sujétion.

En 1240 ; les dites hordes envahirent la Pologne, ainsi que d'autres provinces slaves. Commandés par Beity-Khan, les Tartares entrèrent d'abord à Sandomir, chef-lieu du duché de ce nom, l'incendièrent et mirent à mort ses habitants, puis, continuant leur œuvre de destruction, ils marchèrent sur Cracovie, d'où le roi Boleslas s'était sauvé, cherchant asile auprès de son beau-frère, en Hongrie. Ayant dévasté la capitale de la Pologne, les barbares poussèrent jusqu'à Breslau et finalement jusqu'à Lignitz, pillant brisant et massacrant tout ce qui se trouvait sur leur chemin ensanglanté.

Henri 'le Pieux', prince régnant du duché de Lignitz, fit appel à tous ses voisins Chrétiens, savoir : les chevaliers Teutons, les Allemands, les Bohèmes et les Polonais des duchés de Posnanie, Silésie et Poméranie, pour l'aider à repousser ce terrible fléau. La rencontre entre les païens et les chrétiens fut épouvantable. Beppo le grand maître, de l'Ordre des Teutons, et Henri 'le Pieux', duc de Lignitz furent tués dans l'un de ces combats. Les pertes des deux côtés furent énormes et après une véritable boucherie, les Tartares reculèrent vers leurs steppes.

Après la retraite des tartares, Boleslas IV 'le Timide' revint dans ses états, qu'il avait fui si ignominieusement. Ce prince faible et pusillanime qui régna, pour le plus grand malheur de la Pologne, cinquante-deux ans, fut universellement méprisé pendant sa vie, et nullement regretté à l'heure de sa mort.

Sous ce règne infortuné, les provinces polonaises de Silésie, Poméranie et de sa marche, gouvernés par les descendants de la dynastie des Piast, furent presque complètement germanisées, car ces princes épousaient des Allemandes, qui introduisirent dans leur intérieur les de leurs pays. L'entourage de ces princesses, composé pour la plupart d'Allemands, attira des marchands et des ouvriers de la même nationalité, et c'est ainsi que l'idiôme germanique prévalut dans la vie quotidienne, et que les habitants des villes, en abandonnant leur langage natal, perdirent du même coup leur nationalité. Néanmoins, les Évêques Catholiques, voyant cette progressive germanisation des cités du pays, recommandèrent aux curés et vicaires de ces provinces de faire l'instruction de leurs ouailles dans la langue polonaise, et c'est grâce à cet enseignement, que, dans les villages, les paysans ont Conservé jusqu'aujourd'hui cette langue, et avec elle le caractère polonais[1]

Boleslas IV ne laissant pas de lignée directe, ce fut son neveu Leszeck II, duc de Cujavie, nommé 'le Noir' pour ses cheveux d'ébènes, qui monta sur le trône de Pologne.

Au début de son règne il eût à réprimer les invasions des Lithuaniens, qui dévastaient les provinces dans leur voisinage et qui à cette époque étaient encore idolâtres.

Lithuaniens adoraient le Dieu de la foudre, appelaient Perkosin, et sacrifiaient aux animaux et aux serpents. Leur grand prêtre se nommait Kriwekriveité. Leurs possessions s'étendaient depuis la mer Baltique jusqu'au fleuve Dzwina, et étaient séparées de la Pologne par les fleuves Bug et Niemen. Ce peuple païen et barbare faisait alors de <u>fréquentes irruptions</u> dans les pays contigus et commet-

---

1.) Des lettrés enthousiastes ont entrepris au XXe siècle la tâche de réveiller le sentiment national polonais à l'aide de journaux et brochures publiés à leurs frais en polonais et mis en circulation dans les provinces où la germanisation était poussée à outrance par le gouvernement, mais dont les habitants ont eu le mérite de conserver la langue et les traditions de leur nation.

tait de grandes atrocités et dégâts au-delà des frontières de Pologne. Leur propre pays était couvert presqu'en entier d'impénétrables forêts, qui servaient de temples à leurs dieux et de retraites à eux-mêmes.

Ce peuple joua un rôle très important dans la suite de l'histoire polonaise.

Leszeck II 'le Noir' marcha avec son armée vers Lublin (cité importante de la petite Pologne) d'où il chassa les Lithuaniens en train de saccager la ville et les environs, et ils poursuivit jusqu'aux rives de Niemen, dans lequel ils se jetèrent et où, la plupart furent engloutis. Ce prince, quoique polonais de naissance, avait été élevé en Allemagne, dont adopta les habitudes, ce qui : le rendit impopulaire parmi ses sujets.

Pendant son règne, les Tartares firent une nouvelle descente en Pologne, brûlèrent la ville de Sandomir, après avoir dévasté le pays d'alentour, et poussèrent jusqu'à Cracovie qu'ils incendièrent aussi. Après un carnage effroyable ils reculèrent vers leurs steppes d'Asie, emportant en esclavage 22.000 jeunes filles polonaises.

Leszeck mourut sans laisser d'enfants, et son frère Ladislas, qu'on appela 'le Court' en raison de sa petite taille, voulant lui succéder, arriva avec sa suite à Cracovie, mais le pays refusa de l'accepter et offrit la couronne à Henri 'le Probe', duc de Breslau. Ladislas, voyant ses serviteurs massacrés dans les rues de Cracovie, n'eut que le temps de chercher refuge dans un couvent de Franciscains, d'où, travesti en moine, il se sauva par la fenêtre et quitta aussitôt la cité inhospitalière.

Henri 'le Probe' mourut peu après son arrivée à Cracovie, mais, sentant sa fin, il désigna pour son successeur Przemyslas, duc de Posnanie.

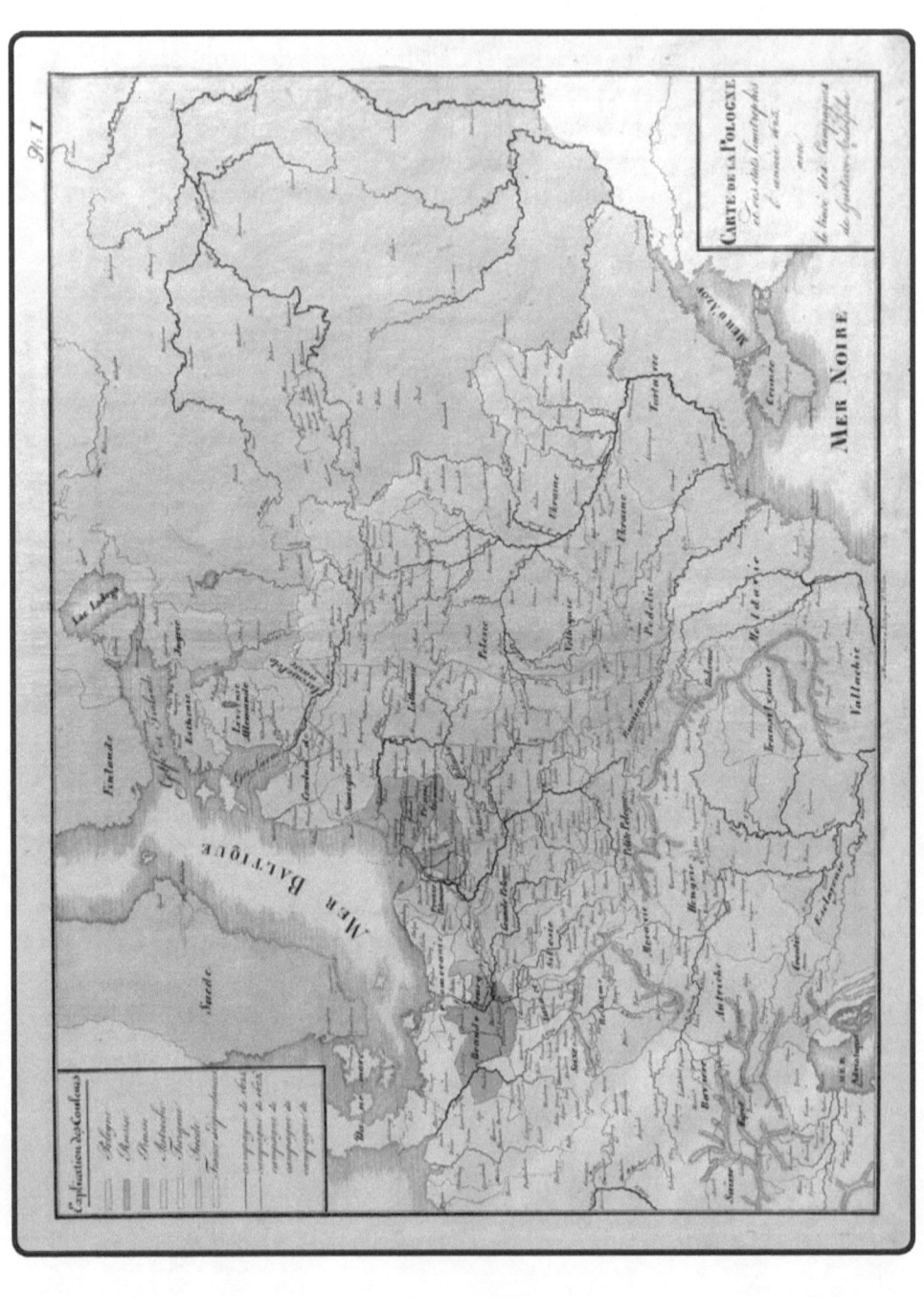

Chap. Cinquième

Après la fuite de Ladislas 'le Court' de Cracovie et la mort de Henri 'le Probe' la royauté devait passer à Przemyslas.

Mais la veuve de Leszek 'le Noir', Grifine, une Autrichienne, fit faire un faux testament, qu'elle publia comme étant celui de son mari défunt, testament par lequel il remettait le trône à son beau-frère Venceslas, roi de Bohême. En vertu de ce pouvoir, Venceslas entra dans le pays à la tête de son armée, et pendant trois ans ne cessa de guerroyer avec Ladislas 'le Court' qui continuait de prétendre à la couronne de Pologne.

Durant cette période, Przemyslas, régnait triomphalement dans le Nord de la Pologne, appelé 'Grande Pologne'. Mestvin, duc de Poméranie, lui céda son duché, avec la ville de Dantzig, port considérable de la mer Baltique, et voyant que les seigneurs et le peuple de Pologne étaient exaspérés par les luttes incessantes entre Ladislas 'le Court' et Venceslas, il offrit le sceptre de toute la Pologne à Przemyslas, qui l'accepta et fut sacré roi à Gniezno en 1295 par l'Archevêque du diocèse et Primat de Pologne.

Malheureusement pour le pays, ce prince, dont le règne promettait d'être si prospère, ne goûta pas longtemps les faveurs de la couronne qu'il fût le premier à porter depuis Boleslas 'le Hardi', après une période de 216 ans. Son prestige toujours croissant excita l'envie et la jalousie des Margraves de Brandebourg, ses voisins, qui embauchèrent un certain nombre d'assassins pour le tuer. Et lorsque le nouveau roi de Pologne arriva à Rogorno, ville du duché de Posnanie, entourée de forêts, où il voulait passer la semaine précédant le Carême, ils l'y attaquèrent et le poignardèrent le jour des Cendres, 5 février 1295, malgré sa vigoureuse résistance et celle des gens de sa suite.

Outre les Margraves, deux seigneurs polonais furent impliqués dans ce meurtre sinistre. Leurs noms étaient Nalecz et Zavcha. Ils furent, ainsi que leurs familles, mis à l'index par leurs concitoyens, et il leur fut défendu de porter l'écarlate, privilège distinctif de la noblesse polonaise. Il ne fut même pas permis à leurs descendants de se ranger parmi les combattants, en temps de guerre. Ce ne fut que sous le règne de Casimir 'le grand' que la bravoure et l'irréprochable conduite de ceux qui portaient leurs noms les réintégrèrent dans leurs droits et leur rendirent l'estime que leurs prédécesseurs avaient perdu.

Après l'inique assassinat de Przemyslas, Ladislas, aspirant constant au trône, laissa son rival Venceslas maître de Cracovie et de Sandomir, et entra avec ses partisans et son armée à Posen, pour saisir les rênes du gouvernement de cette province et de ses dépendances.

Mais ses soldats, devenus impérieux et rapaces, commirent des abus si nombreux qu'ils révoltèrent les habitants de ces pays, lesquels mirent dehors le prince et son armée. Ladislas se cacha longtemps parmi ses amis, parcourant la contrée tantôt déguisé en moine, tantôt en berger, jusqu'à, ce que las enfin de cette existence errante, il quitta le pays et entreprit un pèlerinage à Rome pour y expier ses excès.

Pendant ce pèlerinage, l'administration de Venceslas, roi de Bohème, devint odieuse surtout aux habitants des Villages et des campagnes, car il ne résidait jamais à Cracovie, se faisant représenter en Pologne par des gouverneurs et des employés qui abusaient de leur pouvoir envers le peuple. D'un autre côté, le caractère bouillant de Ladislas 'le Court' s'étant calmé, il se rendit de Rome chez son ami Amédée, un riche et puissant seigneur hongrois, qui lui offrit quelques centaines de ses vaillants sujets et l'engagea à tenter de rentrer en Pologne, espérant que la révolte qui était soulevée contre le roi de Bohème en rendrait l'accès facile à un autre prétendant. Ladislas, encouragé par son ami, marcha en tête de la petite armée hongroise, et commença par prendre possession de certains châteaux-forts polonais. Puis, ayant gagné à sa cause les paysans et les citadins de Wislica, près de Cracovie, ils chassa les gouverneurs et les garnisons d'alentour et vit le nombre de ses partisans augmenter rapidement. Les Polonais, exaspérés d'être en puissance d'employés extorqueurs et de soldats étrangers, accueillirent avec enthousiasme un roi de leur propre nationalité.

Sur ces entrefaites, la nouvelle de la mort du roi de Bohème Venceslas parvint à Cracovie. Là dessus Ladislas 'le Court' ne rencontrant plus d'obstacles, fit, entouré de ses partisans, son entrée en Pologne, en commençant par Sandomir et finissant par Cracovie, où il fut reconnu roi en 1305.

Ce monarque, qui s'était emparé du trône immédiatement après le meurtre de Przemyslas, qui en fut chassé qui, pour l'apaiser, fit à pied le pèlerinage de Rome, qui en revint adouci et réformé, qui fut réinstallé dans ses Etats, n'y trouva pourtant jusqu'à la fin de son règne qu'une suite de soucis et d'inquiétudes. Immédiatement après son avènement, le Margrave de Brandebourg, celui qui prémédita l'assassinat de Przemyslas, entra à Dantzig, grâce à la trahison d'un Poméranien, et parvint à se rendre maître de toute la Poméranie. Ladislas se trouvait alors à Sandomir, capitale de la Petite Pologne, et n'ayant point de forces suffisantes pour expulser le Margrave, il fut obligé d'implorer le secours des chevaliers Teutons pour reconquérir la Poméranie et la ville de Dantzig, et ce n'est qu'avec leur assistance qu'il fut vainqueur du Margrave.

Mais le roi de Pologne s'était mépris sur le caractère de ceux qu'il avait appelés, à son aide, car ces perfides chevaliers massacrèrent ceux des Poméraniens qui ne voulurent point embrasser le christianisme, et à titre d'indemnité des frais de la guerre occasionnée par le roi imprudent, ils exigèrent l'abandon du port de Dantzig, et en prirent possession ainsi que de toute la Poméranie.

Ladislas ne put en ce moment attaquer les Teutons et recouvrer ses possessions perdues, car il fut forcé de se rendre en hâte à Posen et à Cracovie, pour en expulser les Allemands qui s'y étaient introduits par surprise. Ayant réussi à s'en rendre maître, il n'oublia point ses autres ennemis et attendit le moment propice pour en tirer vengeance.

Après avoir vaincu ses ennemis du dehors et de l'intérieur de son royaume, Ladislas désira être solennellement couronné pour sceller ses droits à la royauté et à l'union sous un seul sceptre de toutes les principautés qui depuis la mort de Boleslas III avaient été régies par différents princes appartenant à la dynastie des Piast. Il convoqua à cet effet un conseil composé d'anciens, de grands seigneurs et d'évêques, et les consulta sur son projet de couronnement, auquel l'Assemblée donna un consentement unanime. Il fut décidé d'envoyer une députation à Gniezno, l'ancienne capitale de la Pologne, où ses rois furent sacrés jadis, et d'en apporter les insignes employés autrefois par Boleslas 'le Grand' et ses successeurs pendant les cérémonies de leur couronnement. Les emblèmes, tels que le sceptre et la couronne, étant arrivés, Ladislas fut sacré roi en 1319, à Cracovie, ayant prêté les serments d'usage en présence de tous les notables de la ville. Il jura de respecter les lois du pays, de ne jamais opprimer son peuple, de le défendre contre les ennemis domestiques ou étrangers qui s'aviseraient de troubler la tranquillité de la patrie.

Pendant son règne, que l'on pourrait appeler heureux, tout en repoussant ses ennemis du dehors, Ladislas n'oublia point les chevaliers Teutons qui étaient toujours maîtres de la Poméranie et de la ville de Dantzig. Afin de recouvrer ces possessions, il s'allia avec Gedymin, qui, bien que païen, était un prince lithuanien vaillant et honnête et un ennemi mortel des Teutons à cause de leur cruauté.

Pour consolider cette union, Ladislas fit épouser à son fils et successeur Casimir, Aldona fille du duc de Lithuanie, qui devint chrétienne après son mariage. Avec l'assistance de cet allié, Ladislas put se mettre à la tête des forces communes et fondre sur les chevaliers Teutons, remportant une brillante victoire sur le champ de bataille Polowce, où 25.000 cadavres Teutons témoignèrent du carnage terrible qui eut lieu 27 Septembre 1331.

Ladislas revint alors en triomphe à Cracovie, dont les habitants firent une sortie générale à la rencontre de leur victorieux souverain.

Après un règne de 28 ans, ce remarquable monarque mourut en 1333, profondément regretté par ses sujets, auxquels il rendit d'éclatants services en rétablissant l'ordre dans le pays et en unissant toutes les provinces de Pologne sous le même sceptre. Son fils Casimir, hérita d'un royaume quelque peu diminué, mais toujours fort, honoré et puissant.

Avec la mort de Ladislas, la seconde époque de l'histoire de Pologne est terminée.

Seconde époque
Coup d'œil rétrospectif sur la seconde époque

La première époque de l'histoire polonaise, dont la fin fut marquée par la mort de Boleslas III, en 1139, fut appelée 'victorieuse'. La Pologne fut unie, forte .et respectée, ses rois possédaient un pouvoir absolu, et à l'exception de quelques désaccords de famille passagers, la paix régna dans le pays.

Tout autre fut l'ensemble de la seconde époque.

La désunion fut semée à travers le royaume, à la suite du partage qu'en fit Boleslas entre ses quatre fils. Depuis ce moment jusqu'à l'approche de la fin du règne de Ladislas 'le Court', divers princes de la dynastie de Piast participèrent au gouvernement du pays. Beaucoup d'entre eux firent des alliances allemandes, et en introduisirent les mœurs et habitudes, ce qui éveilla d'amers ressentiments parmi les Polonais.

L'un des plus grands malheurs de cette époque fut la désertion de Boleslas IV 'le Timide' et de Leszeck, qui abandonnèrent leur pays et leurs sujets, et prirent la fuite devant l'invasion des Tartares.

L'oligarchie formée de seigneurs et d'évêques, et appelée par les rois à partager avec eux le pouvoir suprême fit de grands torts à l'Etat. La petite noblesse, les habitants des villes et villages souffrirent généralement de cette organisation du pouvoir ; en somme cette longue période de 194 ans fut plutôt nuisible et fâcheuse. C'est par l'infatigable énergie, sagesse, fermeté et bravoure personnelle de Ladislas 'le Court' que la Pologne devint une fois de plus un royaume uni, gouvernée par de légitimes souverains.

Grâce à la fermeté de caractère de ce monarque amendé, elle atteignit dans la troisième époque, de son histoire, le sommet de sa gloire militaire et la position éminente qu'elle occupa ensuite dans la littérature et les arts.

Chap. Sixième

Troisième époque
(1335~1587)

Casimir III succéda à son père Ladislas 'le Court'. La postérité lui a accordé deux titres, celui de 'Grand roi' et de 'Roi des paysans', le dernier étant le plu enviable des deux.

Il fut couronné, ainsi que sa femme Aldona, à Cracovie, où dès lors tous les sacres des rois de Pologne devaient être accomplis.

Comme Casimir n'avait que vingt-trois ans en montant sur le trône, le sénat lui adjoignit, à titre d'administrateur du royaume, Jean de Mielsztyn, gouverneur de Cracovie, un homme sage, honnête et bon patriote. La politique du jeune roi et de son premier et plus intime confident était de ne plus troubler le pays de luttes et de combats pareils à ceux qui l'avaient ravagé pendant toute la durée de la seconde époque. Les paysans et les villageois, qui d'habitude souffrent le plus des horreurs de la guerre, n'étaient plus en état de cultiver leurs terres, ni d'exercer leurs professions et leurs métiers.

Pour adoucir cette misère et mettre fin à cet appauvrissement général, Casimir signa la paix avec les chevaliers Teutons, qui consentirent à se désister de Kuïawy et de Dobrzyn, province formant une partie de la grande Pologne. Mais ils gardaient toujours la Poméranie et Dantzig, et le traité de paix rendait peu de services au pays, car le retranchement d'un débouché commercial aussi important que Dantzig, était un incalculable préjudice pour la contrée dont les produits, en descendant la Vistule, eussent pu être aisément embarqués pour n'importe quelle partie du monde civilisé.

Le Sénat siégeant à Cracovie refusa de ratifier le traité avec les Teutons aussi longtemps qu'ils retiendraient la Poméranie avec le port de Dantzig.

Casimir fut plus fortuné d'un autre côté. Le roi de Bohême consentit à renoncer toute prétention sur la couronne polonaise si on lui cédait en échange la ·Silésie, dépendance plus nominale que réelle de la Pologne. Cette diminution du territoire souleva au premier abord quelque mécontentement, mais le souvenir en fut vite effacé par les bénéfices que la fin des hostilités apporte toujours ; et lorsque la nation vit le commerce et les manufactures progresser et le bien-être général refleurir, elle pardonna bientôt à Casimir la signature d'un pacte qui amoindrissait quelque peu le royaume.

Malgré son amour de la paix, le bon roi fut obligé de tirer de temps en temps l'épée contre les ennemis de son pays. Marchant une fois à la tête de son armée contre la Russie Rouge, il en assiégea la capitale, nommée Lwow (Lemberg). Ce siège fut si habilement mené, que les habitants, réduits par la famine durent lui ouvrir leurs portes, mais avant de s'y résoudre ils stipulèrent ·de pouvoir rester fidèles à la foi de leurs, pères, qui étaient membres de l'église grecque, et Casimir accepta cette condition. Après sa victoire de Lemberg, la Russie Rouge fut annexée à la Pologne, à la mort de son prince régnant. Par suite du partage de la Pologne en 1794, le nom de cette province fut changé en celui de Galicie, comprise aujourd'hui dans les territoires de l'Empire d'Autriche. Depuis 1340 jusqu'à 1794, la Russie Rouge n'a cessé d'appartenir au royaume de Pologne.

Aussi longtemps que vécut Giedymin, duc de Lithuanie et beau-père de Casimir, la paix régna entre Polonais et Lithuaniens, mais après sa mort, son fils et successeur, Olgierd, ne respecta pas longtemps le traité d'alliance fait entre les deux nations. Il lança ses hordes, toujours païennes, contre la Petite Pologne, qu'elles dévastèrent, pillant la ville de Lublin, mais Casimir, à la tête de son armée, remporta sur les Lithuaniens une éclatante victoire. Olgierd demanda la paix et renouvela l'alliance que Giedymin avait scellée avec Ladislas 'le Court'.

L'ambition de Casimir n'était pas celle d'un homme de guerre ; toutes ses pensées et ses efforts tendaient à rendre son peuple heureux et prospère. Comprenant que les lois alors en vigueur dans son royaume étaient faites en faveur des puissants et non pour le bien de tous ses sujets en général, il convoqua le Sénat, les évêques et les seigneurs, dans la petite ville de Wislica où le recueil de lois connu sous le nom de *'Statut Wislicki'* fut enregistré, portant que dorénavant l'administration de la Justice devra être appliquée à tous les habitants de la Pologne sans distinction de classe ni de position. Cette politique bienfaisante s'étendait jusqu'aux Juifs, qui, à cette époque, était bannis des Etats occidentaux de l'Europe, et souvent même, comme en France et en Espagne, brûlés vifs sur les places publiques. C'est ainsi que les confesseurs de cette foi prohibée, persécutés ailleurs, affluèrent en Pologne de toutes parts. Ils s'y multiplièrent si bien, pendant les siècles suivants, qu'ils forment aujourd'hui une large partie de la population du pays.

L'intérêt que Casimir prenait au bien-être de son peuple le porta souvent à converser librement avec de simples paysans. Il leur demandait des informations sur la terre qu'ils cultivaient, les aliments dont ils se nourrissaient, et les maisons qu'ils habitaient, Mais avant tout il désirait savoir comment les grands seigneurs traitaient leurs vassaux et s'ils ne tiraient pas avantage de leur position élevée pour oppresser leurs subalternes. Après avoir scrupuleusement examiné les plaintes portées par les paysans, il punissait sévèrement les nobles qui avaient abusé de leur pouvoir. Il aimait l'ordre au-dessus de tout et haïssait la légèreté et l'imprévoyance. Au lieu de ces basses et misérables constructions en bois qui étaient si aptes à devenir la proie dés flammes, il fit élever des maisons en briques ou en pierres. A ce propos on disait que :

« Casimir le Grand, roi des paysans, trouva la Pologne bâtie en bois et la rendit bâtie en pierre ».

Désireux de répandre l'instruction au milieu de son peuple, Casimir fonda en 1364 une académie et une université à Cracovie et fit venir dans cette capitale beaucoup d'hommes savants d'Italie, de France et d'Allemagne. La jeunesse polonaise n'eut plus à recourir aux pays étrangers pour acquérir les connaissances si nécessaires aux enfants de toute nation civilisée.

Casimir 'le Grand' fut marié trois fois. Après la mort de sa femme Aldona, il épousa une princesse Allemande avec laquelle il ne put s'entendre, et qui mourut bientôt. Sa troisième épouse fut Hedvige, princesse de Glogau, avec laquelle il n'eut qu'une fille : elle fut mariée à Charles IV, Empereur d'Allemagne. Aux noces de l'Empereur avec la fille de Casimir 'le Grand' une assemblée auguste fut conviée. Le roi Louis de Hongrie, Valdemar, roi de

Danemark, Pierre Lusignan, roi de Chypre, et nombre d'autres princes et seigneurs étrangers, tous parés avec une recherche infinie, furent présents pendant plus de quinze jours aux fêtes et réjouissances qui se succédaient sans interruption.

Un riche seigneur, nommé Wierzynek demanda au roi Casimir la permission d'inviter chez lui tous les hôtes princiers de son souverain, et cette faveur lui ayant été accordée, il reçut ses visiteurs royaux avec une indescriptible splendeur. Ayant présenté au roi de Pologne le siège d'honneur, et placé ses autres illustres convives selon le rang qui leur incombait, Wierzyneck offrit à chacun d'eux un magnifique et précieux souvenir. Les hôtes du roi se demandèrent alors :

> « *Que de richesses doit posséder la Pologne, si l'un de ses gentilshommes a les moyens de donner une réception aussi brillant et des présents si coûteux ?* »

Le bon roi Casimir, durant ces longues et opulentes réjouissances, n'oublia pas les moindres de ses sujets. Pendant qu'au château une fête faisait place à l'autre, des tables pliant sous le poids de toute espèce d'aliments étaient dressées sur les places publiques ; des barils de miel, de beurre et de liqueurs furent préparés, et le peuple eut sa part de festin et d'allégresse. Le 'roi des paysans' après un règne heureux de trente-sept ans, mourut à l'âge de soixante. Sa mort fut occasionnée par un chute de cheval, à la chasse ; il expira à Cracovie, où on le transporta à la suite de l'accident. N'ayant pas de fils, il laissa le trône à son neveu Louis d'Anjou, roi de Hongrie.

HEDVIGE

Portrait réalisé au XVIIIᴱ siècle par Marcello Bacciarelli

Chap. Septième

1370~1439

La troisième époque de l'existence de la Pologne, appelée florissante, commence avec la fin de la seconde époque. Cette dernière vit la Pologne troublée par des invasions et harassée par des conflits avec différents princes de la maison des Piast.

Les Hongrois, les Allemands et les Lithuaniens furent appelés à l'aide pour sauver le pays lacéré par les agressions de ses propres enfants. Les grands seigneurs oppressaient la petite noblesse. Ils en arrivaient à attaquer les marchands sur les voies publiques et à s'emparer des marchandises dont ceux-ci faisaient le commerce. Ces détrousseurs haut placés étaient de connivence avec les princes de la lignée de Piast, lesquels demandaient souvent main forte aux étrangers pour être à même de satisfaire leurs ambitieuses convoitises.

Ces étrangers tenaient les nobles dans le plus profond mépris et ne redoutaient plus l'héroïsme et la bravoure des Polonais, comme ils en avaient pris l'habitude pendant le règne des trois premiers rois du nom de Boleslas.

L'humiliation de Boleslas V et sa lâcheté, ainsi que celle de son successeur Leszeck, abaissèrent sensiblement la grandeur nationale de la Pologne. Mais malgré ce recul malheureux, elle se prit bientôt à remonter au rang qu'elle avait perdu et à reprendre place parmi les grands états de l'Europe.

Peu à peu, les voies publiques furent perfectionnées, les forêts déblayées, les villes et villages commencèrent à prospérer rapidement. La culture des champs fut poussée avec énergie, bref, tout l'aspect du pays fut transformé sous le règne de Casimir 'le Grand'. Ce roi des paysans étant mort sans héritier direct, la dynastie des Piast se trouva éteinte, sur quoi le Sénat, composé de woïevodes, castellans et évêques, d'accord avec la volonté du roi défunt, envoya une députation à son neveu Louis, roi de Hongrie, pour l'inviter à se faire couronner roi de Pologne à Cracovie, ayant été désigné par son oncle comme successeur du trône.

Peu après son avènement, il témoigna de quelque intérêt pour son nouveau royaume, dont il visita certaine provinces lointaines, mais cette sollicitude fut de courte durée ; car il revint vers son pays natal, abandonnant la régence de la Pologne, à sa mère Elisabeth, une femme de 80 ans qui, malgré son âge avancé, avait un caractère des plus frivoles et négligeait tous les devoirs qu'une Régente doit accomplir. Elle s'entoura de Hongrois qui composaient sa cour et qui traitaient les Polonais comme une nation conquise. Dans une rixe entre les nobles polonais et les Hongrois de la suite de la Régente, un castellan polonais, nommé Kmita, fut mis à mort, Les habitants de Cracovie, furieux de ce meurtre, se jetèrent sur les courtisans Hongrois et les exterminèrent tous jusqu'au dernier. La vénérable Régente en fut si alarmée qu'elle envoya chercher son fils, le conjurant de revenir gouverner lui-même son royaume.

Le roi de Hongrie comprit aisément qu'il s'était rendu impopulaire parmi la plupart de ses nouveaux sujets, et pour gagner leur faveur et surtout les bonnes grâces des seigneurs, il augmenta encore les prérogatives, trop grandes déjà, de la noblesse polonaise. Entre'autres privilèges ils furent exemptés de tout impôt, immunité préjudiciable aux intérêts de la nation, et spécialement pénible pour les bourgeois des villes et les paysans des campagnes.

Le roi n'accorda point ces gratifications aux nobles sans avoir passé avec eux un marché, en vertu duquel ils s'engageaient à accepter, après son décès, sa fille Hedvige pour reine de Pologne.

Louis, roi de Pologne et de Hongrie, mourut en 1382. Sa veuve, mère de la jeune Hedvige, obligée de vivre en Hongrie, ne pouvait se décider de quitter son enfant et de l'envoyer en Pologne avant que deux années ne fussent écoulées depuis la mort de son époux. Ceci occasionna un interrègne de près de deux ans.

Pendant ce temps des dissensions de toute espèce affligèrent la Pologne. D'abord le Margrave de Brandebourg, (plus tard Empereur d'Allemagne), qui avait épousé la fille aînée de feu Louis, arriva avec ses partisans, en Pologne pour s'emparer du trône ; ensuite vint Ziewairt, duc de Mazovie, lequel, à titre de descendant des Piast, revendiquait aussi ses droits à la couronne, enfin les factions des deux puissantes familles du duché de Posnanie désolèrent le pays ; en un mot l'interrègne fut une vraie calamité pour le malheureux royaume. A la longue, la reine douairière de Hongrie, informée des misères qui affectaient la Pologne, consentit à se séparer de sa fille Hedvige. Celle-ci fut reçue avec des transports de joie par ses nouveaux sujets et ceignit bientôt la couronne de Pologne à Cracovie en 1384.

La jeune souveraine était d'une beauté et d'une grâce remarquables, et la de ses charmes enchanteurs se répandaient dans les pays voisins. Les princes d'alentour dépêchèrent des ambassadeurs pour vérifier ce que ces bruits flatteurs avaient d'authentique. Dans leur nombre se trouvaient les délégués de Iaguello, prince de Lithuanie. Quand ils aperçurent la jeune reine assise sur son trône, ils furent tellement éblouis de sa beauté qu'ils adressèrent aux conseillers d'Etat qui l'entouraient le discours suivant :

> « *Notre seigneur et maître Iaguello, imploré par un grand nombre de princes, et spécialement par les chevaliers Teutons, de passer au christianisme et de recevoir le baptême, a invariablement refusé de prêter l'oreille à leurs exhortations. Si pourtant la reine de Pologne voulait consentir à devenir l'épouse de notre prince, non seulement Iaguello se ferait chrétien, mais encore il s'engagerait à convertir tous ses sujets à sa foi nouvelle, et lorsque ses vœux seront exaucés, la Lithuanie et la Pologne deviendront alliés naturels à jamais.* »

La jeune reine, entendant cette déclaration des ambassadeurs, tomba dans une profonde détresse, car, deux ans plus tôt elle avait donné son cœur et promis sa main au jeune archiduc Guillaume d'Autriche, qui l'aimait et avec lequel elle avait été élevée. D'un côté ses préférences lui conseillaient de résister aux ouvertures des ambassadeurs, de l'autre sa raison lui faisait sentir l'immense avantage pour son peuple de posséder, au lieu d'un voisin plus ou moins hostile, un maître qui lui apporterait les riches provinces de Lithuanie, et qui, en les unissant à la Pologne, ferait d'elle un des plus puissants Etats de l'Europe septentrionale.

Pendant que la reine hésitait encore, un des grands seigneurs polonais, se jetant aux genoux de sa jeune souveraine, l'implore, les larmes aux yeux, de ne pas rejeter une offre aussi brillante pour le pays et de consentir à épouser le prince de Lithuanie.

La bonne et généreuse jeune fille, méditait toujours, lorsque soudain, cette pensée lumineuse vint frapper son esprit que le bonheur de millions d'âmes dépendait de sa décision, et que si elle acceptait Iaguello, tout un royaume encore païen serait acquis au christianisme : ce qui la détermina à sacrifier son amour au bonheur de sa patrie ainsi qu'a celui de la Lithuanie.

Elle répondit aux ambassadeurs qu'elle voulait bien accorder sa main au prince Iaguello, et celui-ci, en recevant cette bonne nouvelle de la bouche de ses messagers, se hâta d'accourir à Cracovie, en compagnie de ses cousins et des plus illustres notables Lithuaniens.

Iaguello, le jour de son baptême et de celui de sa suite, prit le nom de Ladislas. Il fut couronné en la cathédrale de Cracovie après son mariage avec Hedvige, en 1386.

Pendant que les fêtes nuptiales se succédaient à Cracovie, des troubles et désordres étaient fomentés par deux puissants seigneurs de la Grande Pologne. Le nouveau roi avec sa cour s'empressa de se rendre sur place, pour mettre fin aux souffrances endurées par les malheureux habitants du duché de Posnanie.

Ladislas Iaguello consentit à conclure la paix avec ces seigneurs et leurs descendants s'ils voulaient dédommager les malheureux campagnards et leur rebâtir les villages qu'ils avaient détruits. La reine Hedvige s'écria :

> *« Les dégâts peuvent être réparés, mais qui leur rendra les larmes qu'ils ont versés ? »*

Ces nobles paroles, répétées dans les endroits les plus éloignés du royaume, étaient dignes d'une femme qui a su sacrifier ses affections au bien de son pays.

Le calme ayant été rétabli dans la grande Pologne, le couple royal se mit en route pour la Lithuanie, où l'attendait le plus difficile des devoirs, celui de convertir les Lithuaniens, qui étaient fanatiquement attachés à leur foi idolâtre ; mais à force de persuasion, de persévérance et d'ineffable douceur, qualités dont la reine était si richement douée, les païens de Lithuanie furent peu à peu gagnés au christianisme.

C'était une race brave, guerrière, mais encore barbare ; leur existence se passait à piller les contrées voisines, à en détruire les villages et massacrer les habitants.

Dans le centre du duché de Lithuanie s'étaient établis les chevaliers du Glaive, et ils usaient, à l'égard des malheureux indigènes, des mêmes traitements, que les chevaliers Teutons avaient employés pour les convertir eux-mêmes au christianisme. Outré des cruautés de ces deux ordres religieux, le peuple ignorant montrait de la répugnance à abjurer la foi en des divinités, qui, quoique impuissantes à entendre ses prières et à exaucer ses vœux, ne songeaient au moins pas à lui faire du mal.

Enfin, grâce au savoir faire de Ladislas Iaguello, à la patience et à la bonté de la reine Hedvige les Lithuaniens idolâtres en vinrent à consentir au baptême. Des milliers de néophytes furent rangés par groupes et aspergés d'eau bénite, chaque groupe recevant les mêmes noms de baptême. Il y eut donc des centaines de Jean et Jeanne, Paul et Pauline, Joseph et Joséphine etc., Ce fut ainsi que toute la Lithuanie fut reçue au sein de l'Église Catholique.

Après cette importante solennité, la reine rentra à Cracovie, tandis que le roi resta en Lithuanie pour apaiser les troubles fomentés par ses cousins, qui émettaient des prétentions au gouvernement du pays.

Pendant le séjour du roi dans son duché, Hedvige ne resta point oisive, et marcha à la tête de son armée contre ce qu'on appelle la Galicie, pour en expulser les Hongrois, lesquels avaient pris possession de cette province pendant l'interrègne lamentable qui précéda son avènement au trône. A la suite de cet heureux exploit, la Galicie fut réintégrée définitivement dans la Pologne. Profitant de l'absence de son époux, dont le tempérament était irritable et impétueux, et dont l'intervention aurait contrecarré ses projets, la reine passa avec les chevaliers Teutons un traité aux termes duquel Dobrzyn fut restitué à la Pologne.

Cette reine si douce, gracieuse et sage, dont le cœur recelait une tendresse infinie, était pourtant capable de conduire elle-même ses sujets à la victoire quand le bien du pays l'exigeait. Une mort prématurée l'emporta en 1399. Elle fut sincèrement et unanimement pleurée. Toute la Pologne porta son deuil.

Les Siècles qui s'écoulèrent depuis lors apportèrent à la cour de Rome la conviction que la reine Hedvige, qui avait dans les veines le sang de son aïeul français Saint Louis, évêque de Toulouse, est morte en odeur de sainteté. Son procès de béatification se poursuit actuellement au Vatican.

Après la mort de la reine, Ladislas Iaguello ne crut plus avoir droit au trône de Pologne et exprima au Sénat son intention de rentrer en Lithuanie, mais l'assemblée entière le conjura de rester en Pologne, l'assurant de la satisfaction publique que son administration avait méritée et du désir général de le garder dans son pays d'adoption. Le roi se conforma à la volonté du Sénat et du peuple. Ayant honoré la mémoire de la reine défunte par un deuil des plus austères, il suivit les avis de ses conseillers et se remaria.

Les chevaliers Teutons, oublieux de la leçon sévère qui leur avait été donnée par les Polonais, continuaient leurs intrigues. En 1410 ils usèrent de toute leur influence pour exciter les princes de Lithuanie à la révolte contre le roi de Pologne, leur souverain, si bien que ce dernier résolut d'en finir une fois pour toutes avec cet ordre remuant et dangereux.

Accompagné de ses sujets lithuaniens, des habitants de la Russie Rouge et même d'un contingent de Bohèmes Iaguello entra en Prusse et, à l'aide de son armée celle de ses alliés, il remporta sur les Teutons une victoire éclatante au champ de bataille de Grünwald, malgré que ses adversaires avaient de leur côté toute l'armée germanique, ainsi que l'assistance d'autres pays liés intimement à leur Ordre (15 juillet 1410.)

Dans cette fameuse bataille, outre la masse des chevaliers inférieurs, le grand maître de l'Ordre, Ulric Iungin, ainsi que 40.000 Allemands furent étendus morts terrain. Cet ordre indomptable ne se trouva pourtant pas entièrement abattu. Une seconde bataille lui fut livrée sous les murs de Viornowo, où périrent 8.000 Allemands et une fois de plus les chevaliers Teutons furent forcés de céder les provinces qu'ils s'étaient appropriées et de consentir à payer les frais de la guerre à leurs vainqueurs, promesse que, d'ailleurs, ils se gardèrent de tenir, suivant leur habitude.

Après ces brillants exploits, Ladislas revint en triomphe à Cracovie, dont la cathédrale fut ornée des étendards enlevés à l'ennemi et suspendus en trophées à l'ombre de ses autels.

Le roi eut alors le loisir de s'appliquer aux affaires intérieures de la Pologne et de la Lithuanie, ce qui fut tout à l'avantage des deux contrées. Grâce à l'humiliation des chevaliers Teutons, la tranquillité publique reprit pleinement et tous les efforts de Iaguello tendirent à raffermir et resserrer ses liens de l'union des deux pays sur lesquels il régnait.

Car en ce temps-là la Pologne et la Lithuanie n'étaient encore unies que de nom. Afin de sceller cette alliance d'une façon durable, le roi convoqua une assemblée composée de grands seigneurs polonais et lithuaniens. Cette diète se tint à Horodlo, petit village de la province de Lublin, et les représentants des deux nations y fraternisèrent cordialement. Ladislas octroya de grands privilèges aux nobles lithuaniens, et ceux-ci revinrent dans leurs foyers très satisfait du résultat de l'assemblée, dans laquelle le roi conféra à son cousin, le grand-duc Vitold, la vice-royauté de la Lithuanie. Ce choix fut malheureux, car le grand-duc était trop ambitieux pour jouer un rôle secondaire, et bientôt il se mit à conspirer avec les intraitables ennemis de Iaguello, les chevaliers Teutons, pour s'emparer des états du roi.

Enivré de jalousie, deux fois traître, envers son cousin et envers son pays, même envers ses alliés Teutons, Vitold eut la témérité de se proclamer roi de Lithuanie et d'inviter les principaux seigneurs du duché à venir assister à son couronnement. Mais ceux-ci déclinèrent l'invitation et refusèrent de reconnaître ses prétentions au trône. Ce mécompte irrita tellement le prétendant éconduit qu'il mourut de contrariété au château de Troki en l'année 1430.

Après la mort de Vitold, Iaguello chargea son frère Sigismond de gouverner la Lithuanie. Sigismond, par sa cruelle et tyrannique administration, se rendit si odieux à toute la population qu'il y eut une conspiration parmi la noblesse pour s'en défaire. On dit que le prince Czartoryski fut le premier à entrer dans la chambre de Sigismond et à lui enfoncer un poignard dans le cœur.

Durant le règne de Ladislas Iaguello, les Princes de Poméranie, de Valachie et de Moldavie reconnurent la suzeraineté du roi de Pologne, et grâce à la politique de la reine Hedvige, les duchés de Galicie et de Livonie y furent annexés.

La fin du règne de Ladislas Iaguello approchait. Sentant venir les infirmités de la vieillesse, il se plaça de lui-même sous le contrôle du cardinal Zbigniew Olesnicki, qui lui avait sauvé la vie à la bataille de Grünwald. Heureusement pour le pays, le cardinal se montra diplomate avisé et administrateur équitable. En 1434 le vieux roi étant allé à Haliez, pour y recevoir les serments de fidélité des hospodars de Valachie et de Moldavie, y gagna un refroidissement et mourut dans la petite ville de Grodki, près de Lwow. Ladislas Iaguello avait régné sur la Pologne quarante-huit ans. Il avait été marié quatre fois ; il avait eu de la reine Hedvige une fille morte en bas âge, et de sa quatrième femme deux fils, Ladislas et Casimir, qui lui succédèrent.

Chap. Huitième

À sa mort, Ladislas Iaguello laissa le royaume dans une situation florissante. A cette époque lointaine, les Polonais étaient incapables de se gouverner eux-mêmes est ainsi qu'après le décès de chaque roi le pays retombait dans une anarchie absolue, car depuis les gouverneurs des duchés jusqu'à leurs plus humbles subalternes, tous agissaient au nom du roi régnant ; il en résultait qu'aucun crime ne pouvait être puni avant que les représentants du pouvoir n'eussent prêté serment de fidélité au nouveau souverain.

Malgré que les seigneurs de Pologne eussent promis à Iaguello que son fils Ladislas lui succéderait sans délai, bien des mois s'écoulèrent avant son couronnement et pendant cet interrègne, les misères habituelles affligèrent le pays, Le Sénat affirmait que Ladislas, âgé seulement de dix ans, était trop jeune pour prendre le sceptre en main, mais l'intervention décisive du cardinal Zbigniew Olesnicki surmonta l'opposition des nobles et l'enfant fut proclamé et couronné roi de Pologne, heureusement pour le royaume l'honnête et sage Cardinal demeura tuteur et conseiller de son jeune monarque, et fut aussi dévoué aux intérêts du fils qu'il l'avait été à ceux du père défunt.

Ce fut pendant ce règne que la Réforme religieuse commença à se répandre en Pologne. Jean Huss prêchait la foi nouvelle en Bohême où la conversion d'un bon nombre de ses auditeurs fut cause d'une grande effusion de sang. Lui-même fut brûlé vif par ordre du concile de Constance. L'influence de ses exhortations s'infiltra en Pologne, mais nul n'y souffrit la mort pour ses convictions personnelles, quoiqu'à la même époque, en Allemagne et dans la plupart des autres pays, la Réforme fit couler des flots de sang.

Quelque temps après son couronnement, le jeune roi dut se rendre à Lwow pour y recevoir les serments de fidélité des hospodars Elie de Valachie et Étienne de Moldavie, qui, étant tributaires de la Pologne, avaient l'obligation de fournir annuellement au roi 400 ânes, 100 chevaux, 200 esturgeons et 100 robes d'écarlate. Ces hospodars danubiens refusèrent cette fois de rendre hommage au nouveau roi. Après la conquête de Constantinople par les Turcs, (1453) ils demandèrent protection aux Ottomans et devinrent leurs vassaux.

Quand le roi eut atteint sa majorité, il ne trouva plus nécessaire de garder à ses côtés son fidèle tuteur, le cardinal Olesnicki.

A la mort d'Albert, empereur d'Allemagne, roi de Bohême et de Hongrie le trône de ce dernier pays fut offert au roi de Pologne. Pour en prendre possession il se rendit à Bada, où il fut couronné avec le diadème de Saint-Étienne. Peu de temps après, les Hongrois ayant déclaré la guerre à Amoral, sultan de Turquie, Ladislas se mit, à la tête des armées unies de Pologne et de Hongrie et remporta une victoire complète sur les Turcs, forçant le sultan Amurat à conclure une paix tout à l'avantage des chrétiens. La paix devait durer dix ans, mais le Pape, impatient de voir expulser les Osmanlis de l'Europe, exprima son mécontentement et sous la pression de son légat, le cardinal Césarini, Ladislas, rompant le pacte conclu, recommença la guerre.

Cette violation des conventions signées fut terriblement désastreuse pour la Pologne ; dans cette néfaste campagne, l'armée polonaise fut complètement mise en déroute par les Turcs à Varna, le 19 Novembre 1444.

Le jeune roi, à peine âgé de vingt ans, succomba sur le champ de bataille, ce qui lui a valu dans l'histoire le surnom de Ladislas de Varna. Les Polonais déplorèrent amèrement la mort prématurée et inattendue de leur jeune monarque, dont le règne leur avait donné les plus belles espérances. Les Turcs, y virent la main divine appesantie sur lui en punition de son parjure.

La nouvelle de la mort du roi ne parvint en Pologne qu'un mois après l'événement accompli. En ces temps-là les grandes routes étaient inconnues, les chemins de traverses se trouvaient dans un état déplorable, et dans ce mois de l'année (Novembre) tout le pays entre le Danube et la mer Baltique était couvert de neige.

Les Polonais ne voulurent point croire tout d'abord à la mort de leur roi ; une catastrophe aussi cruelle ne pouvait être admise. Pour s'assurer de la réalité du fait, le Sénat dépêcha des courriers avec mission de vérifier la lugubre nouvelle, qui fut hélas ! confirmée à leur retour. Peu après le même Sénat dépêcha vers Casimir, qui avait été nommé grand-duc de Lithuanie par son frère défunt Ladislas, une députation chargée de lui offrir la couronne de Pologne, Casimir, influencé par la noblesse Lithuanienne qui voulait dissoudre l'union entre les deux pays, déclina l'offre.

L'interrègne, toujours si fatal à la Pologne, dura trois ans, au bout desquels, sur les instances de sa mère Sophie, dernière femme de Ladislas Iaguello, Casimir se décida à accepter le trône vacant. S'il avait persisté dans son refus, les Polonais, impatientés de cette longue attente, se seraient déterminés à proclamer roi Boleslas, duc de Mazovie, de la race des Piast. Le 24 Juin 1447, Casimir IV fut couronné à la cathédrale de Cracovie.

Pendant le règne de Casimir Jagellon plusieurs Diètes furent convoquées dans différentes villes du royaume, et le roi les présida toutes. Il eut à y entendre de nombreuses critiques de la manière dont étaient gouvernés les deux pays. Les députés polonais se plaignaient des faveurs faites aux Lithuaniens, et ces derniers reprochaient au roi de négliger son duché natal.

Tandis que les Lithuaniens étaient occupés à censurer le roi, au lieu de songer à défendre leur pays contre les Moscovites dans le Nord et contre les Turcs dans le Sud, ils laissèrent ces deux ennemis empiéter sur la Lithuanie. En même temps les chevaliers Teutons, reprenant leurs menées, couvraient de châteaux-forts la Poméranie et la Prusse, desquelles ils avaient été maîtres pendant plus d'un siècle, en vertu de traités passés avec les anciens rois de Pologne. Ayant rempli ces forteresses de gens d'armes, ils s'étaient remis à oppresser les Polonais et les Lithuaniens qui formaient la majorité de la population de ces provinces.

Pour se soustraire de cet intolérable despotisme, des patriotes slaves fondèrent une confrérie militaire, dite des Lizards, dont la mission était de combattre en Prusse et en Poméranie les chevaliers Teutoniques. Puis, ne se sentant pas assez forts pour lutter tout seuls contre cet ordre puissant, ils implorèrent Casimir, par députation, de venir à leur aide, puisqu'ils appartenaient à la même race que ceux dont il était le souverain et le protecteur. Après avoir consulté le Sénat, Casimir résolut de leur porter secours.

Au moment de tenter cette expédition, dans le but de libérer des provinces, autrefois polonaises, du joug qui leur pesait si cruellement, il était loin de se douter que la guerre qu'il allait entreprendre, devait se prolonger quatorze ans. Bien des circonstances contribuèrent à cette longue durée des hostilités, Casimir, qui commandait les forces alliées, n'avait pas de talents militaires ; en second lieu, son armée n'était pas en nombre suffisant ; enfin, les nobles qui la composaient (car, en ce temps tout roturier était tenu pour indigne de porter l'épée) refusèrent de se battre à l'approche de l'hiver, et quittèrent le camp pour passer la mauvaise saison dans leurs foyers. Malgré ces circonstances défavorables, le destin voulait que Casimir demeurât finalement vainqueur de ses ennemis.

Les chevaliers teutoniques avaient beaucoup perdu de leur valeur guerrière, le luxe les avait entraînés à la débauche et à la mollesse. Cette existence vicieuse les rendit incapables de triompher du soulèvement de leurs sujets opprimés. En 1466 leur grand maître Conrad Wallenrod signa, à Thorn, un traité par lequel il abandonna à la Pologne les provinces de Poméranie, Malborg et Varnia, c'est-à-dire toute la Prusse orientale ; il gardait seulement la Prusse occidentale, avec la ville de Kœnigsberg, mais cette dernière concession ne lui était accordée qu'à la condition de reconnaître la suzeraineté du roi de Pologne et de lui prêter hommage-lige.

Pendant que Casimir se trouvait à son camp de guerre, lui parvint la nouvelle d'un incident tragique arrivé à Cracovie et qui souleva de grands ressentiments et des haines profondes contre les nobles et les bourgeois de la ville. Un armurier de Cracovie ayant manqué de livrer en temps convenu un assortiment de cottes de mailles, à un grand seigneur nominé Tenczynski, fut tué par lui dans un accès de fureur. La mort de leur camarade exaspéra tellement ses compagnons qu'ils résolurent de le venger. Tenczynski, s'imaginant qu'une forte somme d'argent suffirait à faire oublier le crime, se crut sauvé jusqu'au moment où il vit le déchaînement de la fureur populaire. Assailli par le peuple, il se réfugia dans la sacristie d'une église, mais la foule enragée en fit éclater la porte, le poursuivit dans sa retraite sacrée et tailla le malheureux en pièces, après quoi on traîna les lambeaux à travers les rues, en criant que tel était le traitement des assassins, même ceux qui appartiendraient à la noblesse.

La mort ignominieuse du grand seigneur polonais causa la plus profonde indignation parmi les nobles : ils jurèrent d'en tirer vengeance en exterminant tous les bourgeois de la capitale.

Le roi se hâta de rentrer à Cracovie pour conjurer cette atroce éventualité. Il prescrivit immédiatement une enquête à la suite de laquelle trois bourgeois des plus compromis furent décapités et trois autres condamnés à un emprisonnement perpétuel. Bien que les nobles ne fussent qu'à moitié satisfaits, ils acceptèrent cependant la décision royale, et c'est ainsi que se termina ce cas malheureux, dont les suites auraient pu être irréparables.

La paix signée à Thorn rendit à la Pologne le port si important, de Gdanski (Dantzig), débouché naturel de l'énorme quantité de blé que produisait annuellement la Pologne. Le commerce d'exportation des céréales devint dès lors très florissant et contribua largement au luxe qui commença à s'introduire dans le pays. Les vêtements des hommes, et à plus forte raison ceux des femmes, devinrent coûteux et compliqué, l'ameublement des maisons fut fastueux, à la mode orientale. Les tables regorgèrent de mets délicats et de vins des meilleurs crûs. L'accroissement du bien-être et du superflu sapa rapidement les bases de la morale publique. Les nobles s'abandonnèrent à l'intempérance et à la débauche ; le peuple imita dans un cadre plus restreint l'exemple des dignitaires et se mit à abuser de l'alcool, qui venait d'apparaître en Pologne et qu'au début on employait seulement comme une drogue de pharmacie. C'était de l'alcool de blé distillé, connu sous le nom d'eau de vie. Qui pourrait nier que cette démoralisation croissante fût la cause lointaine de l'agonie de la Pologne, trois siècles plus tard ?

Le règne de Casimir IV Jagellon, bien qu'entrecoupé de quelques mécomptes, fut en somme avantageux pour la Pologne. Les puissances voisines, la craignirent, la respectèrent et recherchèrent son amitié. L'ordre fut maintenu, d'une façon à peu près constante dans tout le royaume, et la richesse s'accrût considérablement. Casimir eut six fils : l'aîné, Ladislas, fut roi de Bohème et de Hongrie, les trois suivants devinrent tour à, tour rois de Pologne, le cinquième fut investi d'un chapeau de cardinal et le sixième canonisé à Rome. Ils eurent tous pour précepteur le savant Dlugosz dont les chroniques sont considérées jusqu'à ce jour comme des œuvres du plus grand mérite. Casimir IV mourut à Grodno en 1492, après un règne de quarante-cinq ans.

Par suite des concessions importantes et des grands privilèges accordés à la noblesse par Louis, roi de Hongrie et de Pologne, les souverains de ce dernier pays n'exercèrent plus qu'une autorité atténuée dans le gouvernement du royaume, qui à cette époque prit le nom de République. A la mort de chaque roi, il se trouvait une quantité de prétendants au trône vacant, et comme chacun d'eux avait ses partisans, le pays était déchiré par les factions rivales.

Ce nom de République, donné à la Pologne, était un trompe l'œil, car dans un Etat démocratique toutes les classes ont une participation au gouvernement du pays, tandis qu'en Pologne le pouvoir demeurait partagé entre le roi et une oligarchie de grands seigneurs.

La mort de Casimir IV jeta la discorde parmi les nobles au sujet de la désignation d'un de ses six fils pour lui succéder sur le trône de Pologne. Après bien des discussions et de grandes querelles on résolut d'offrir la couronne à son second fils, Jean Albert.

Les Lithuaniens, désireux de faire preuve d'indépendance, remirent le gouvernement de leur grand - duché entre les mains d'Alexandre, le troisième des fils du roi défunt. Jean Albert, pendant son règne de huit ans à peine, eut pour premier conseiller son vieux tuteur, Buonacorsi, un réfugié italien, connu généralement sous le nom de Kalinaka. C'était un homme savant et fin, détesté des nobles qu'il voulait dépouiller de certains privilèges impossibles à justifier, et qui engageait le roi à devenir enfin le maître unique dans son royaume comme Louis XI l'était devenu en France. Jean Albert n'eut pas le courage de suivre les conseils de son confident.

Ce roi souhaitait donner à son frère Sigismond les régions du Danube, et dans ce but il résolut de conquérir la Moldavie et la Valachie. L'ordre d'une levée en masse mit sur pied 80.000 nobles, ce qui était une force immense à l'époque dont il est question. Les transports des provisions et des bagages occupèrent seuls 30.000 voitures.

Étienne le Grand, prince de Moldavie, informé de ces préparatifs considérables, envoya des Ambassadeurs à Jean Albert pour l'implorer de diriger son armée contre les Turcs, plutôt que contre des peuples au-dessus desquels cet hospodar régnait pacifiquement. Malheureusement pour Jean Albert, ainsi que pour toute la Pologne, le roi ne voulut point entendre les sages avertissements du prince Moldave ; peut-être n'était-il pas en son pouvoir de déclarer honorablement la guerre aux Osmanlis, avec lesquels une trêve de trois ans avait été signée. Quoi qu'il en soit, cette campagne du Danube fut de toute façon désastreuse. Une quantité de nobles guerriers y périrent. L'Italien

Buonacorsi fut accusé par ceux qui survécurent à cette guerre humiliante d'y avoir précipité le roi afin de diminuer les rangs des seigneurs et d'augmenter en proportion la puissance royale.

Il ne fut pas donné à Jean Albert de profiter de la politique de l'artificieux Italien, car le roi mourut à la fleur de l'âge à Thorn en 1509, peu de temps après cette malheureuse campagne. Son règne appauvrit le pays et fit couler inutilement le sang de milliers de braves dans les rencontres avec les Moldaves et les Valaques qui, en ce temps, bien que barbares, étaient trop formidables pour qu'on pût s'attaquer à eux impunément. Ils possédaient des forêts impénétrables, qui favorisaient les feintes de guerre ; ils s'étaient établis dans les Monts Carpathes, inconnus aux Polonais, d'où ils opéraient des sorties si imprévues que finalement, l'armée polonaise avait à combattre un ennemi presqu'invisible. Les Polonais se déterminèrent enfin à rebrousser chemin, mais en traversant une de ces forêts vierges ils furent tout-à-coup cernés par les Moldaves et les Valaques, qui exterminèrent la majeure partie de leur armée.

Un grand nombre d'entre eux furent tués par la chute d'arbres gigantesques dont le tronc avait été scié par les ennemis pour écraser ceux qui passeraient à leur proximité. Les guerriers qui s'échappèrent de ces embûches en se sauvant dans les plaines, allèrent au-devant d'un sort plus pitoyable encore, car les habitants mirent le feu à l'herbe séchée et l'incendie enveloppa la plupart des fuyards. Comme l'armée n'était composée que de gens de la noblesse dont bien peu revirent leurs foyers, la brèche faite dans cette classe fut, en effet, immense. Il y a terne un verset polonais qui dit :

« Sous le règne de Jean Albert
« Les nobles périrent par le fer »

Ce roi annexa pourtant le duché de Zator à la Pologne, ainsi que ceux de Mazovie et de Ploch, dont les gouvernants étaient les derniers rejetons princiers de la maison des Piast et avaient toujours reconnu la suzeraineté des rois de Pologne. Jean Albert fut le premier monarque qui entretint une armée permanente, composé de 15.000 soldats.

Après sa mort, les Polonais, craignant que les Lithuaniens ne fussent assez impolitiques pour se séparer de la Pologne, offrirent leur couronne à Alexandre, grand-duc de Lithuanie, troisième fils de Casimir IV. L'ayant acceptée, Alexandre arriva à Cracovie, suivi de 14.000 chevaliers lithuaniens, et y fut couronné le 12 décembre 1500.

L'épouse d'Alexandre ne put participer à cette cérémonie, car elle appartenait à l'Eglise grecque elle ne fut pourtant pas privée de l'exercice de sa religion et le Sénat autorisa le roi à lui faire élever une chapelle grecque dans l'enceinte du palais royal. Le nouveau roi n'eut guère le loisir de se reposer. On venait d'apprendre que les Moscovites avaient envahi le duché de Lithuanie. Le roi courut en hâte à leur rencontre. Après leur expulsion, suivie d'une paix de six ans, Alexandre se rendit à Malborg afin d'y recevoir le serment de fidélité du grand-maître des chevaliers Teutons — mais ce voyage fut inutile, car le grand-maître, voulant éviter ce qu'il regardait comme une humiliation pour lui et son Ordre, s'était sauvé en Allemagne.

Le règne d'Alexandre fut troublé par de grands désordres occasionnés en Lithuanie par un prince russe. Il ne faut pas faire de confusion entre les noms de Russes et de Moscovites. Tandis que les premiers étaient purement Slaves, et habitaient la Russie Blanche, la petite Russie et la Russie Rouge, tous pays en possession de la Pologne dont les rois prenaient aussi les noms de grands-ducs de Lithuanie et de Russie — les Moscovites avaient pris une forte empreinte tartare à la suite de longs siècles de domination mongolique, et ce n'est que lorsqu'ils firent la conquête des Russies, petite et Blanche et d'une partie de la Russie Rouge, que le souverain des Moscovites prit le titre d'Autocrate des toutes les Russies.

Le prince russe mentionné plus haut se nommait Glinski. Il prit un tel ascendant sur l'esprit du roi Alexandre qu'il éveilla de grandes jalousies parmi les nobles des doux pays unis. C'était un homme ambitieux, orgueilleux et un guerrier habile.

Quand les Moscovites firent irruption eu Lithuanie, Alexandre, se sentant trop malade pour se mettre à la tête de son armée, en confia le commandement à Glinski. Celui-ci organisa en hâte une levée militaire, gagna une bataille décisive, et ayant fait plus de 20.000 prisonniers, les conduisit en triomphe en Lithuanie. Glinski lui-même s'était battu comme un lion et avait eu deux chevaux tués sous lui. Après ce brillant exploit, sa morgue et son ambition, qui avaient toujours été démesurées, s'accrurent tellement que les seigneurs lithuaniens le crurent capable de viser à la souveraineté de la Lithuanie. Le roi, qui était au lit, terrassé par la maladie, devint, après les glorieux succès de son favori, plus que jamais esclave de ses volontés.

Trois nobles lithuaniens eurent le courage d'approcher le roi et lui dénoncèrent Glinski comme aspirant à la couronne grand-ducale. Alexandre fut si outré de cette dénonciation qu'il condamna les trois accusateurs à la peine de mort, mais cette sévère et injuste sentence ne fut pas mise à exécution, car le roi, malade depuis longtemps, mourût presque aussitôt après la publication du décret. Sa mort survint après un règne de cinq années, en 1506, à Wilna, capitale de la Lithuanie, où il fut inhumé contrairement à l'habitude d'ensevelir les rois de Pologne dans la cathédrale du mont Wawel, citadelle de Cracovie, dont leurs tombeaux font l'ornement et la gloire.

Malgré l'habituelle impunité à l'abri de laquelle les nobles polonais maltraitaient alors les gens des autres classes, il y eut pourtant, pendant le règne d'Alexandre, un cas exceptionnel où la criminelle conduite des seigneurs reçut un châtiment bien mérité. Il arriva qu'à une Diète convoquée à Radow, ville de la petite Pologne, fut déposée une plainte contre les nobles du pays. On les accusait d'avoir installé dans les montagnes de Sainte-Croix, dont l'accès était très difficile, des repaires fortifiés d'où ils faisaient, à la tête de leurs serviteurs, des sorties à main armée, attaquant les voyageurs et les marchands en route vers les villes voisines, les dépouillant de leurs biens et rentrant ensuite dans leurs châteaux avec les fruits de ces rapines. Le roi, en apprenant ces méfaits, ordonna de s'emparer à tout prix de ces détrousseurs et de les exécuter sans délai. Bien que doué de peu d'intelligence, Alexandre avait le cœur généreux. Il n'eut que le défaut, commun à tous les Iagellons, d'une extravagante prodigalité. Il gaspillait l'argent et les présents à tel point que, lorsqu'il mourut, ses sujets avouèrent qu'il en était temps, car la cassette royale et le trésor public se trouvaient à sec et de nombreuses créances demeuraient impayées.

Chap. Neuvième

(1506~1572)

SIGISMOND, LE QUATRIÈME FILS DE CASIMIR IV, monta après ses deux frères sur le trône de Pologne et de Lithuanie. Il commença par introduire de l'ordre dans son royaume. En forte contradiction de conduite avec la plupart de ses prédécesseurs, il prit des mesures d'économie pour libérer le pays du fardeau de dettes qui l'accablait. Il fut à même d'y parvenir en contractant un emprunt, à des conditions avantageuses, chez un riche bourgeois de Cracovie, de sorte qu'en peu de temps il y eut de l'argent dans le trésor royal et il ne resta qu'un petit nombre de dettes publiques à acquitter.

Sur ce, le même Glinski dont l'outrecuidance et l'insupportable vanité avaient tellement blessé les nobles des deux pays, porta plainte contre un de ces supposés ennemis du nom de Zabrzezinski, qu'il accusait d'en vouloir à sa vie. Le roi s'étant rendu compte que cette accusation n'était pas fondée, refusa de donner suite à la requête. Glinski eut alors l'audace de dire qu'il se ferait justice lui-même et saurait venger l'affront qu'il avait essuyé. Il n'attendit pas longtemps pour mettre ses menaces à exécution. Etant gouverneur de plusieurs châteaux et places fortes en Lithuanie, il écrivit au Czar de Moscou pour lui proposer d'entrer avec ses troupes dans le duché et il lui promit de livrer entre ses mains les forteresses qu'il commandait. A la nouvelle de la trahison de Glinski, Sigismond leva rapidement des forces suffisantes et marcha à leur tête vers la Lithuanie, chassant les Moscovites, avant qu'il leur fut possible de prendre pied dans le pays.

Glinski, exaspéré, se réfugia à la cour du Czar, d'où il s'évada certaine nuit obscure, avec une nombreuse suite, et entra dans la ville de Grodno qu'habitait Zabrzezinski. Accompagné de ses sbires, Glinski se précipita sur le malheureux et l'égorgea ainsi que sa famille. Après ce crime horrible, il fut encore reçu par le Czar, qui le combla de faveurs et lui donna le commandement d'une partie de son armée dans l'intention de dévaster les provinces de Lithuanie et celles de Russie, son pays natal. Mais chaque fois qu'ils essaya d'y entrer, le roi Sigismond l'expulsa vivement et le hetman des Cosaques, Constantin Ostrogski, poursuivit l'ennemi jusqu'à sa capitale, Moscou.

Le traître Glinski s'allia plus tard par mariage au Czar de Moscou, mais son esprit agité ne se contenta pas de cette distinction ; fatigué de la cour du Czar, il essaya d'intriguer contre lui auprès de Sigismond, auquel il écrivit pour lui demander pardon de tous ses crimes et iniquités et obtenir la permission de rentrer en Pologne. La lettre tomba entre les mains du Czar qui en fut si irrité que, sans égard pour ses relations de famille avec Glinski, il donna l'ordre de lui crever les yeux et le fit jeter dans un cachot où il termina misérablement son existence.

Sigismond, libéré enfin de cet ennemi si redoutable, et voyant son pays tranquille, trouva le moment favorable pour songer à se marier, mais cette apparente sécurité contre les attaques du dehors fut de courte durée, car bientôt apprit que Bogdan, prince Valaque, entré en Russie Rouge avec des forces considérables, la ravageait atrocement, poussant jusque sous les murs de la ville de Lwow devant laquelle il mit le siège.

Le roi dépêcha deux armées en Valachie, pour placer le hospodar entre cieux feux. Celui-ci, s'étant rendu compte de sa position critique, implora la grâce du roi de Pologne et, après l'avoir obtenue, lui prêta serment de fidélité, comme à son suzerain.

Ce n'était là qu'un exemple des attaques continuelles que la Pologne avait à repousser sur toutes ses frontières.

A l'est les Moscovites, successeurs des Tartares de la Horde d'or ; au sud les Moldo-Valaques, les Tartares de Crimée et les Turcs, à l'ouest les chevaliers Teutons, Quoique moins redoutables qu'ils ne l'avaient été à la fondation de leur Ordre, quand leurs mœurs étaient austères et monastiques, ces derniers réussissaient pourtant, par d'incessantes alertes, à maintenir les rois de Pologne dans un qui-vive perpétuel,

En fin de compte, pendant le règne de Sigismond Ier, la Pologne vit la dissolution de cet Ordre implacable. Son dernier grand-maître, Albert de Brandebourg, bien que neveu de Sigismond, conspira avec ses ennemis, ce qui exaspéra tellement le roi qu'il désigna Firley, un de ses généraux les plus capables, pour donner à ces chevaliers un châtiment final, lequel fut si complet qu'Albert de Brandebourg, jeta ses armes aux pieds du guerrier victorieux, lui abandonnant même sa cuirasse et son manteau blanc à croix noire. Il passa alors au luthéranisme, et son apostasie fut le signal de la chute de l'Ordre.

Après l'humiliation suprême du grand-maître renégat, son oncle, le roi Sigismond, lui accorda non seulement son pardon, mais lui offrit encore la principauté de Prusse à la condition que lui, ainsi que ses successeurs, ne cesserait jamais de rendre hommage au roi de Pologne et de le considérer comme leur maître suzerain (1515).

Insondables décrets de la providence ! Deux cents cinquante-sept ans plus tard, le roi de Prusse, Frédéric II, proposait aux empereurs de Moscovie et d'Autriche de démembrer à leur profit commun ce même pays dont un des rois, par générosité envers un neveu auquel il avait fait don de la petite principauté prussienne, l'avait du coup créé fondateur de la grande monarchie prussienne aujourd'hui une des plus puissantes de l'Europe !

Le règne de Sigismond Ier fut, en somme, glorieux et illustré par un grand nombre d'hommes savants et distingués. Il fut marqué par les invasions fréquentes et les expulsions des Moscovites, des Tartares de Crimée, des Valaques et des Moldaves, qui tous faisaient les mêmes actes de soumission, prêtaient les mêmes serments d'hommage et n'attendaient que la première occasion de les violer en faisant de nouvelles descentes armées en Pologne.

Sigismond, vers la fin de son règne, eut encore à châtier ses adversaires Valaques et Moldaves. Sous les ordres d'un de ses vaillants généraux, une victoire éclatante fut remportée sous les murs de Lwow, cinquante canons et beaucoup de drapeaux furent pris à l'ennemi et portés en triomphe à Cracovie en 1523.

Sigismond fit traduire en langage petit-russien les statuts qui devaient plus tard servir de code à la Lithuanie. Ce fut de son temps que vécut l'astronome polonais Copernic qui, le premier, proclama à l'univers stupéfait que la terre, aussi bien que d'autres planètes, exécutaient leur rotation incessante autour du soleil, contrairement aux suppositions antérieures que c'était le soleil qui tournait autour de la terre. Le grand astronome mourut à Thorn en 1543. Sa statue, élevée par souscription publique, a été érigée sur une des places publiques de Varsovie.

Sigismond eut pour première femme la fille du woïevode de Transylvanie, contrée à, cette époque dépendante de la Pologne. Malheureusement pour le roi et le pays, elle mourut bientôt sans postérité. Sa seconde épouse fut une Italienne, Bona, de la maison italienne des Sforza de Milan ; elle lui donna plusieurs filles et un fils nommé Sigismond Auguste, qui, dès l'âge de dix ans, fut, par anticipation, proclamé grand-duc de Lithuanie et couronné roi de Pologne.

Bona, la seconde épouse du roi, était une femme avide, astucieuse, perverse et méchante. Elle fit preuve de la plus grande imprévoyance en élevant son fils d'une façon parfaitement en opposition avec les exigences d'éducation d'un roi de Pologne, dont les Etats étaient constamment menacés d'attaques et de luttes avec ses intraitables voisins, d'un roi qui devait être endurci à toutes les fatigues de la guerre, aux intempéries du climat et aux privations de la vie de soldat.

Au lieu de faire goûter au jeune prince la compagnie des savants et des hommes de guerre, Bona employa tous les moyens de le rendre efféminé, afin d'être elle-même assurée de gouverner sous son nom après la mort du vieux roi Sigismond Ier. C'est ainsi qu'elle habitua son fils à dormir sur le plus tendre des duvets, à se régaler des plus fins aliments, à se plaire en la société de femmes frivoles et superstitieuses qui l'amusaient et le démoralisaient.

Pendant les dernières années du vieux roi, Bona sema la discorde dans le royaume par ses intrigues, excitant la petite noblesse contre les grands seigneurs. Elle fit congédier les dignitaires intelligents et honnêtes, et appela à leur place des fourbes, dévoués à sa personne, qui l'aidèrent à accumuler les richesses dont elle était insatiable au point que, pour se les procurer, elle eut recours aux alchimistes d'Italie, les employant à faire disparaître par le poison ceux de ses sujets dont elle convoitait les domaines. L'existence de cette reine fut si scandaleuse et justifia des plaintes si amères que Sigismond, qui au début de son règne était respecté et aimé à cause de sa valeur et de ses succès guerriers, aussi bien que pour ses vertus domestiques, finit par perdre l'estime et l'affection de son peuple, par suite de l'influence pernicieuse de Bona.

Sigismond Ier avait à sa cour ce que, en ce temps, chaque roi et presque chaque gentilhomme devait posséder dans le train de sa maison, savoir un bouffon qui amusait son maître par ses saillies. Ces bouffons étaient pour la plupart des hommes distingués par leur esprit caustique et souvent d'excellents patriotes, qui sous le masque de la raillerie, glissaient à leurs maîtres de dures et cruelles vérités. Stanczyk, le bouffon du vieux roi, n'était, pas une exception à cette règle, car il savait tancer son monarque avec épigrammes sévères et mordantes.

Durant ce long et parfois glorieux règne de quarante-deux ans, outre le grand astronome Copernic, d'autres érudits remarquables ont légué à la patrie leurs œuvres écrites en latin et hautement estimées de nos jours. Un grand nombre de guerriers capables et d'hommes d'Etat intègres ont illustré cette même époque.

Le jeune héritier à la couronne, Sigismond Auguste, était à Wilna, capitale de la Lithuanie, quand il apprit la mort de son père (1548). Avant de se présenter aux funérailles du défunt, il annonça aux seigneurs lithuaniens qu'il avait secrètement épousé la belle Barbara Radziwill et que son désir était de la faire couronner reine de Pologne et grande-duchesse de Lithuanie et de Russie.

Du vivant de son père, bien que fort jeune encore, Sigismond Auguste avait été marié à une princesse allemande, Elisabeth, qu'il n'aima point, et qui mourut bientôt, peut-être de chagrin de n'avoir pas su plaire.

Devenu veuf, il s'était uni clandestinement à la belle et gracieuse Barbara Radziwill, sachant bien que ni le roi, ni la reine ne consentiraient jamais au mariage de l'héritier d'un grand et puissant royaume avec une sujette, même d'aussi noble naissance, car c'était un usage strictement observé que les princes de la maison royale ne devaient contracter d'alliance qu'avec d'autres familles régnantes en Europe. De là provenait le secret dont Sigismond enveloppa son union jusqu'à la mort du vieux monarque.

Le nouveau roi, après avoir rendu les derniers devoirs à son père, se rendit à Piotrkow où une Diète fut convoquée.

Heureusement pour le pays, les efforts pernicieux de la reine Bona pour rendre son fils efféminé et incapable de régner, se démontrèrent vains et déçurent l'ambitieuse souveraine. L'excellente nature de ses ancêtres, les Jagellons, échut en héritage au jeune souverain et malgré sa mauvaise éducation, les desseins pervers et les menées sourdes de sa mère, Sigismond Auguste prouva qu'il saurait être un monarque énergique, loyal, au cœur bien placé, désireux d'être un père véritable pour son peuple.

Quand la reine Bona apprit le mariage de son fils avec une Polonaise, sa fureur ne connut plus de bornes ; elle tâcha d'éveiller contre lui l'indignation générale des seigneurs. Ceux-ci, loin de se déclarer satisfaits que le roi eut épousé une compatriote choisie dans leurs rangs — sans courir le risque de placer sur le trône une princesse étrangère, qui pourrait y porter des mœurs perfides et un caractère vicieux — prirent le parti de la reine-mère ; les uns gagnés par sa duplicité, les autres poussés par la crainte jalouse de l'influence que la famille Radziwill aurait la chance d'exercer sur l'esprit du souverain. Ils s'entendirent tous pour faire de pressantes remontrances à Sigismond Auguste et obtenir de lui la répudiation de son admirable et bien-aimée épouse.

Mais Sigismond Auguste fut inébranlable. En réponse à l'insistance des nobles, il répliqua :

« Le bonheur d'un peuple dépend de la bonne foi .et la loyauté de celui que la Providence lui a donné comme souverain. Mes sujets pourraient-ils me respecter si je devenais parjure envers celle à qui j'ai engagé ma parole et prêté, devant les autels, serment d'amour, de fidélité et de protection ? »

La résistance déterminée que fit le roi impressionna tellement les assistants qu'ils retirèrent leur opposition. Après cette orageuse et pénible Diète, le roi rentra à Cracovie, où un incident malheureux venait de se produire. Quelques étudiants, en discorde avec les gens d'un des chanoines de la cathédrale, les engagèrent dans une rixe où plusieurs d'entre les premiers furent tués. Leurs camarades entamèrent des poursuites judiciaires contre le chanoine en question et en appelèrent au roi dans l'espoir qu'il sévirait aussitôt. Le roi donna l'ordre d'une enquête qui démontra l'innocence du dignitaire de l'Eglise et aboutit à son acquittement.

Cet arrêt souleva un tel mécontentement parmi les étudiants qu'ils quittèrent Cracovie d'un commun accord et se dispersèrent dans les pays étrangers, particulièrement en Allemagne, où la doctrine de Luther était alors le principal sujet d'intérêt public. Les esprits d'une grande partie de ces jeunes gens furent frappés de ce nouvel enseignement, et à leur retour en Pologne ils répandirent la foi réformée à travers les pays.

Les nobles demandèrent alors la convocation d'une Diète afin d'examiner les doctrines de Luther et d'instituer une ligne de conduite à l'égard de ceux qui s'y étaient ralliés.

Le roi refusa d'abord son assentiment à cette nouvelle Diète, se souvenant des orages qu'avait soulevés la précédente, mais à, la longue il finit par y consentir. Quand la discussion tomba sur les réformes luthériennes, le roi défendit bravement tous ceux que leurs convictions avaient rendus coupables d'hérésie et, s'adressant à l'Assemblée, il ajouta ;

« *Si cette nouvelle doctrine est fausse elle disparaîtra, et nous n'en entendrons plus parler ; niais si elle a un fond de vérité, elle s'étendra et s'affirmera de génération en génération.* »

Les nobles acceptèrent les idées de tolérance de leur souverain, et s'y attachèrent si complètement qu'à l'heure où, dans d'autres parties de l'Europe, des torrents de sang furent versés à cause des doctrines de Luther et de Calvin, la Pologne ne connut jamais les horreurs des guerres religieuses et devint même l'asile de ceux qui désertèrent leurs foyers et leurs familles pour suivre l'appel impérieux de leur conscience.

Vers la fin de cette Diète pendant laquelle fut résolue si pacifiquement la question la plus brûlante de l'époque, le roi, qui avait montré tant de sagesse dans ses assertions, de fermeté et de détermination dans ses volontés, obtint le consentement de la noblesse au couronnement solennel de sa femme, Barbara Radziwill projet qui précédemment avait rencontré une telle opposition auprès de la reine Bona et de la plupart des notables du royaume.

Les grands seigneurs et les courtisans, voyant qu'il était inutile de résister à l'inflexible résolution du roi, se décidèrent à faire leur cour à la jeune reine et à se dire ses plus humbles serviteurs. Jusqu'à la reine-mère Bona qui parut changer ses sentiments de haine contre ceux de vive affection pour sa bru, qu'elle combla de prévenances et de faveurs.

Hélas la belle et charmante souveraine ne jouit pas longtemps de cette heureuse évolution, car elle mourut six mois après, en l'année 1551. Le bruit courut (d'ailleurs sans preuves à l'appui) qu'elle avait été empoisonnée sur l'instigation de la reine-mère, par son médecin italien — car la méchante Bona était soupçonnée de n'avoir dissimulé son adversion que pour mieux venger sa défaite.

La mort imprévue de celle qu'il aimait si passionnément épouvanta et affligea profondément Sigismond Auguste. Il fit draper de noir tous les appartements de son palais, adopta la même couleur pour ses vêtements, évita toute société et aurait certainement déposé la couronne s'il ne s'était trouvé retenu par un sentiment inné de devoir envers ses sujets, sur lesquels la Providence l'avait appelé à régner, et pour le bien desquels il lui fallait sacrifier non seulement sa tranquillité, mais aussi son existence entière.

Nous avons vu que le dernier grand-maître Teuton, devenu Luthérien, avait obtenu de son oncle Sigismond Ier la principauté de Prusse, dont les habitants, en grande partie Allemands ou Slaves germanisés, suivirent l'exemple de leur prince et embrassèrent la foi réformée. La propagande de cette doctrine s'étendit jusqu'aux bords de la mer Baltique et fut cause de bien des désordres dans le grand port polonais de Gdanski (Dantzig). Le roi s'y rendit pour apaiser les troubles qui s'y étaient élevés.

Les principaux habitants accueillirent le roi avec des marques de respect et même d'enthousiasme, quoique Dantzig se fut presqu'entièrement germanisé pendant le règne des chevaliers Teutons. Malgré cette réception favorable, une escarmouche eut lieu entre des gentilshommes de la suite du roi et des artisans allemands, dont deux périrent dans la bagarre. Les autorités municipales voulurent punir de mort les délinquants, mais le roi, redoutant de laisser de pénibles souvenirs de sa visite, fit grâce aux coupables.

De Dantzig, Sigismond Auguste poussa jusqu'à Koenigsberg (en polonais Krolewice, ou cité de roi) afin de rendre visite à son cousin Albert., ex-grand-maître des

Teutons, qui le reçut royalement, avec des salves d'artillerie et des tournois splendides.

Dans ce temps, la reine Bona, ne pouvant plus intriguer ni faire le trafic des emplois de la cour, comme elle en avait pris l'habitude dans les dernières années du règne de son vieil époux Sigismond Ier commença à faire ses préparatifs en vue de retourner en Italie. Malgré les supplications de son fils, qui voulait la retenir à Cracovie où elle jouissait de tous les honneurs attachés à son rang, Bona prétendit que l'air de la Pologne ne lui convenait pas et qu'elle avait besoin de rétablir sa santé sous un climat moins rigoureux. Mais avant de quitter la Pologne, elle entassa des trésors suffisants pour remplir vingt carrosses de tout ce qu'elle trouva de plus précieux dans le château royal de Cracovie, en bijoux, pierres fines, cassettes d'un travail rare et coûteux, ainsi qu'une immense qualité d'argent comptant, car aux jours d'alors le papier monnaie était inconnu et tous les payements s'effectuaient en espères sonnantes. Elle arriva on Italie avec toutes ces richesses dérobées à la Pologne, dont elle prêta la majeure partie à Philippe d'Espagne, roi de Naples ; le reste de ce butin échut après sa mort, à ses favoris italiens.

Les rois de Pologne qui succédèrent à Sigismond Auguste essayèrent vainement, à plusieurs reprises, de se faire rembourser par le roi de Naples l'argent qu'il avait emprunté à la reine-mère. De nos jours encore lorsqu'on ne peut arriver à se faire payer une créance, on dit en Pologne :

« *C'est comme la dette napolitaine de la reine Bona !* »

Il a déjà été question ici de la Livonie, région située sur les bords de la Baltique, où l'ordre religieux des chevaliers de l'Épée, pareil à celui des chevaliers Teutoniques, avait entrepris de convertir au christianisme les habitants idolâtres en les accablant de pillages de meurtres et de cruautés. Quand le grand-maître des Teutons fut devenu luthérien, le maître de l'Épée, Guillaume Furstenberg, suivit son exemple, et pour témoigner de la sincérité de son adhésion à la confession d'Augsbourg, il attaqua et fit prisonnier l'archevêque catholique de la Livonie, en résidence à Riga.

L'archevêque d'alors était cousin germain du roi de Pologne — lequel, ayant appris cet événement, leva en toute hâte une armée et entra en Livonie, afin de mettre en liberté l'archevêque captif et de protéger les Livoniens catholiques.

Le grand-maître de l'ordre de l'Épée, voyant qu'il était hors d'état de lutter avec le puissant roi de Pologne, alla le trouver à son camp, se jeta à ses pieds, sollicita son pardon et, tout en faisant acte de soumission, le reconnut pour son suzerain.

L'archevêque fut délivré et un traité conclu, par lequel les deux régions voisines de Livonie et de Lithuanie s'engagèrent à insister la Pologne contre les Moscovites, sur lesquels régnait alors le czar Ivan II. 'le Terrible.'

Quand il connut les clauses de ce traité, Ivan-le-Terrible envahit et dévasta la Livonie, et se saisissant du grand-maître déchu, le fit jeter en prison, où il mourut peu de temps après.

A la suite de la mort du grand-maître, son successeur Gothard Kettler supplia le roi Sigismond Auguste d'annexer définitivement cette province au royaume de Pologne, pour mettre fin aux invasions incessantes des Moscovites. Le roi y consentit et envoya le prince Michel Radziwill, un cousin de sa femme défunte, pour prendre possession de la Livonie, élevant à cette occasion Gothard Kettler à la dignité de duc de Courlande, autre province de la mer Baltique également tributaire du roi de Pologne. Les Moscovites et les Suédois firent par la suite de nombreuses tentatives pour s'emparer de la Livonie et de la Courlande, d'où il advint que la Pologne fut entraînée dans une continuité de guerres avec ces deux Etats.

Pendant que le czar Ivan-le-Terrible traitait ses sujets avec une cruauté qui a placé son nom au niveau de ceux de Néron et de Caligula, le royaume de Pologne jouissait de tous les avantages de la civilisation, sous le règne bienfaisant fin el généreux Sigismond Auguste.

En raison des fréquentes incursions des Moscovites dans les provinces Baltiques, le roi fut souvent obligé de séjourner en Lithuanie. Il en résulta qu'ayant étudié de près le caractère sérieux, rangé et loyal des Lithuaniens, il les apprécia davantage et accorda à la noblesse de leur duché des privilèges dont, jusque-là, celle du royaume de Pologne avait été exclusivement investie.

Désireux de rendre plus étroite l'union contractée entre la Pologne et la Lithuanie (qu'une certaine jalousie avait toujours divisées) Sigismond Auguste convoqua en 1569, à Lublin, une Diète solennelle à laquelle, outre les grands seigneurs des deux nations, toute la petite noblesse lithuanienne fut invitée à participer, prérogative que celle de Pologne possédait déjà depuis un grand nombre d'années.

A cette mémorable Diète, après des hésitations, beaucoup de longueurs et de difficultés de la part des deux nations, le roi s'interposa en personne, et par son adresse concilia les desiderata de tous les délégués. Une entente s'établit enfin et la plus intime union fut scellée entre les deux peuples, union que deux fois déjà ses prédécesseurs avaient vainement tenté d'effectuer. Pour commémorer cet heureux résultat des sages et prudents avis du roi Sigismond, un monument, qui existe toujours, fut élevé par souscription nationale sur la principale place publique de la ville de Lublin.

Au temps où vécut ce bon roi, on était encore très adonné à toute espèces de croyances superstitieuses. Les princes aussi bien que leurs sujets accordaient le plus grand crédit aux charlatans, aux astrologues et aux diseurs de bonne aventure. Sigismond Auguste ne put jamais s'affranchir des superstitions dont l'entourage de la reine Bona avait frappé son esprit et dont les récits saisissants avaient bercé son enfance. Attaqué de la goutte, il se retira à Knyszyn, où il souffrit cruellement. Ses conseillers médicaux habituels ne pouvant lui procurer aucun soulagement, il eut recours aux devins et aux astrologues, sans meilleur résultat, enfin il appela à lui des magiciens qui prescrivirent des mixtures de plantes et d'herbages. Ils se les faisaient payer ridiculement cher, s'avisant même à la longue de dépouiller le roi des bijoux qu'il portait sur sa personne.

Le pillage ne se bornait point aux alchimistes, astrologues et sorciers, —son entourage immédiat les surpassa en abus de toute sorte, au point que, lorsque Sigismond rendit le dernier soupir, il ne resta pas dans le trésor royal de quoi l'enterrer convenablement. *Sic transit gloria mundi.*

Pendant sa dernière maladie, le roi s'enquit auprès de son principal astrologue combien de temps il lui restait à vivre. Celui-ci lui prédit qu'il mourrait dans sa soixante douzième année. Il ne se trompa que de vingt ans, car le roi mourut le 18 juillet 1572, âgé seulement de cinquante-deux ans, dans la vingt-quatrième année de son règne.

Chap. Dixième

Sigismond II Auguste n'ayant pas d'héritier direct, la dynastie des Jagellons se trouva éteinte avec lui.

Depuis l'année 962 (avant laquelle l'histoire de Pologne paraît obscure et fabuleuse) jusqu'en 1386, c'est-à-dire durant la première et seconde époque et le commencement de la troisième de son histoire, le pays fut gouverné par les descendants de la dynastie des Piasts, puis, à partir de 1386 par ceux de Ladislas Iaguello, le prince lithuanien qui, par son mariage avec la reine Hedvige, était monté sur le trône de Pologne. Les membres de ces deux familles avaient été seuls candidats à l'élection royale chaque fois que, le trône étant devenu vacant, la noblesse était appelée à désigner un nouveau souverain.

Après l'extinction de la lignée des Jagellons en 1572, il fut décidé qu'à l'avenir les rois seraient choisis soit entre les princes étrangers, soit parmi les grands seigneurs de Pologne, Lithuanie ou Russie, et que non seulement la Diète composée de seigneurs et d'évêques aurait pleins pouvoirs d'élire le monarque, mais que tout citoyen appartenant à la noblesse serait admis à donner son suffrage dans cette solennelle circonstance, de laquelle dépendaient en quelque sorte les destinées de la patrie.

Il est aisé de se figurer quelle émotion, quels troubles et que de discordes s'élevèrent dès lors dans le pays à chaque vacance de la couronne, par le déchaînement des ambitions et des intrigues. La répétition fréquente de ces crises durant deux siècles sapa graduellement les fondements du royaume, et l'entraînèrent peu à peu vers sa porte et son partage entre trois puissances voisines.

La mort de Sigismond Auguste, en 1572, donna lieu à un interrègne de près de deux ans avant que son successeur ne fut élu. Le pays en souffrit naturellement beaucoup. Enfin, après de considérables difficultés, une Diète fut convoquée. Mais les nobles qui la composaient, non contents des grands privilèges que leur avait garantis Casimir IV en 1457, s'en attribuèrent d'autres plus importants encore, et, en proportion de l'accroissement de leurs prérogatives tendirent à restreindre le pouvoir royal. Pour en arriver à leurs fins, ils décidèrent que chaque roi élu par les suffrages de la noblesse aurait, avant de ceindre la couronne, à garantir par serment les « *Pacta conventa* », conventions qui le rendaient dépendant de l'Assemblée de la noblesse pour toutes les importantes questions d'Etat : déclarations de guerre, impositions de taxes, mariages royaux, liberté de conscience, etc.

Afin de maintenir un certain ordre pendant ces longs interrègnes, le pouvoir suprême fut confié à l'archevêque de Gniezno (première capitale de la Pologne, où Boleslas le Grand avait reçu si magnifiquement l'Empereur Otton III, qui lui concéda le titre de roi). Ce dignitaire était Primat de

Pologne et possédait le droit de convoquer les Diètes et de présider à l'élection royale.

Finalement, après avoir perdu un temps précieux en discussions et querelles, le Primat assembla une Diète, qui fixa le 5 avril 1573 pour le choix d'un souverain.

Sur l'immense plaine de Mazovie (qui s'étend jusqu'à Wola, faubourg de la ville de Varsovie, qui était à cette époque la capitale de la province, et plus tard devint celle de tout le royaume) se réunirent, en dehors des sénateurs et des prélats, des gentilshommes de toutes les parties de la République polonaise, qui s'étendait alors de la mer Baltique, au nord, jusqu'à la mer Noire ; au sud, et des bords du fleuve Dzwina, à l'est, jusqu'à ceux de l'Oder, à l'Ouest.

D'un côté vinrent les nobles de Livonie, dans leurs carrosses de gala, suivis de fantassins tenant leurs arquebuses ; d'un autre, les gentilshommes de l'Ukraine, des bords de la mer Noire, trottant sur de petits chevaux, à la tête de leurs Cosaques ; des nobles du port de Dantzig venus par la Vistule sur leurs bateaux ; des grands seigneurs polonais de toutes les provinces, commandant des troupes à leur solde ; des Lithuaniens et des Russiens arrivés des confins de leurs pays lointains avec un nombreux personnel tout armé, et en dernier lieu, les gens de la petite noblesse, le cimeterre au côté, dans leurs véhicules primitifs appelés Briskas ; tous se hâtant vers les plaines de Vola pour exercer leur droit de vote à l'élection d'un roi de Pologne.

Après que les tentes eurent été dressées, elles furent occupées avec empressement par leurs maîtres respectifs, désireux de se reposer des fatigues d'un long voyage.

Le jour suivant, on entama les discussions sur les mérites des différents aspirants au trône. Nombre de candidats se présentèrent eux-mêmes. Chacun voulait gagner des partisans en leur faisant valoir des alliances avantageuses à la Pologne, ou bien en offrant des présents de grand prix à ceux qui le plus d'influence dans cette bruyante assemblée, composée de grands nobles et de petits gentilshommes. Ces derniers, pour la plupart, obéissaient au mot d'ordre des principaux seigneurs, gagnés eux-mêmes à la cause de tel ou tel candidat à la couronne.

Certains grands personnages se prononcèrent pour l'archiduc d'Autriche qui, par ses ambassadeurs, avait promis d'annexer son duché à la Pologne. D'autres tenaient le parti du prince capétien Henri de Valois, duc d'Anjou, frère de. Charles IX, roi de France. Parmi les différents compétiteurs se trouvait (si étrange que cela puisse paraître) le czar Ivan-le-Terrible et, chose encore plus extraordinaire et incroyable, il eut des partisans, môme dans la noblesse polonaise. Le nombre de ces derniers fut pourtant, fort heureusement, très restreint.

Après bien des hésitations, des oppositions et intrigues des partis divers, un groupe de grands seigneurs, à la tête desquels était le patriote polonais Zamoyski, parvint à rallier la majorité de la Diète à la candidature du duc d'Anjou, favorisée par le souvenir du roi Louis d'Anjou, père d'Hedvige, qui avait appartenu à la même lignée capétienne que ce prince français. Henri de Valois fut donc proclamé roi de Pologne. Son ambassadeur, après la publication de cette élection, signa les « *Pacta Conventa* » à la suite de quoi une députation de nobles polonais, désignée par la Diète, se rendit à Paris, pour inviter le nouveau souverain à venir prendre possession du trône.

Il est à remarquer qu'au moment où le peuple polonais avait les yeux tournés vers les bords de la Seine, la Pologne jouissait de la plus complète liberté de conscience, tandis que la France, privée de cet élément indispensable, était déchirée par les luttes religieuses au point que son roi, Charles IX, n'avait pas hésité à ordonner dans la nuit de la Saint Barthélémy, le 24 août 1572, un massacre de ses sujets protestants qui constitue un des souvenirs les plus néfastes de l'histoire de France.

La cour de France, qui avait alors une idée peu flatteuse de la Pologne et des autres pays slaves, fut ébahie en constatant que les ambassadeurs polonais étaient des gentilshommes supérieurement éduqués, parlant le latin, le français, l'allemand et l'italien, ayant une conversation aussi instructive que possible, et étonnant leurs interlocuteurs par une connaissance parfaite de la géographie et l'histoire des autres nations.

Henri de Valois prit donc congé de sa mère, la reine Catherine de Médicis, de son frère, le roi Charles IX, et partit pour Cracovie, entouré de la délégation polonaise, ainsi que de sa suite française. Il atteignit la capitale le 15 février 1574. Grande fut la surprise du roi et de ses compatriotes à la vue des préparatifs faits en l'honneur du nouveau souverain. Une réception solennelle, cordiale et digne à la fois, l'attendait aux portes de la ville. Les fêtes magnifiques qui lui furent données achevèrent de dissiper les craintes que les Français pouvaient encore ressentir au sujet de la barbarie polonaise.

A la fin des réjouissances, le roi fut couronné avec les cérémonies d'usage et renouvela le serment que son ambassadeur avait prononcé et signé en son nom sur les plaines de Wola.

Malheureusement, la Pologne n'eut aucune raison de se féliciter du choix qu'elle avait fait en la personne de Henri de Valois, car il avait été élevé et dressé, par sa mère Catherine de Médicis, à une école pareille à celle que la reine Bona avait adoptée pour l'éducation de son fils Sigismond Auguste.

Henri de Valois était efféminé, indolent, capricieux et il eut vite fait de se rendre compte qu'il avait à faire à des sujets peu disposés à se plier à ses fantaisies. Aussi, ayant appris la mort de son frère Charles IX, qui le rendait héritier de la couronne de France, s'empressa-t-il de déguerpir clandestinement de Cracovie, le 18 juillet 1574, pour arriver à Paris au mois d'octobre suivant. L'histoire ultérieure de ce roi (Henri III de France) fut triste et criminelle et se termina en 1589 par son assassinat de la main de Jacques Clément.

Après la fuite précipitée de Henri de Valois, la Pologne resta, une fois de plus, en face d'un nouvel interrègne, qui dura quatorze mois et affligea le pays d'incertitudes et de dissensions.

Dans cette période troublée une rébellion éclata en Moldavie et en Valachie. Certains seigneurs polonais, avec les troupes à leur solde, se précipitèrent dans ces provinces afin d'en arrêter le mouvement. Le sultan de Turquie, informé de cette intervention, en prit ombrage, se considérant suzerain des pays danubiens. Pour répondre à l'incursion des Polonais, il lança contre eux les Tartares de Crimée. Leurs hordes barbares entrèrent dans les provinces du Sud, les saccagèrent et emmenèrent 20.000 hommes et femmes en esclavage. Hélas, cette même noblesse entre les mains de laquelle reposait uniquement le droit de guerre, au lieu de se lever comme un seul homme pour porter secours à ces malheureux compatriotes, préféra demeurer dans l'inaction en se livrant aux cabales qui précédaient l'élection d'un nouveau roi.

Comme à l'ordinaire, les délégués des princes étrangers arrivèrent en Pologne afin de faire leurs propositions aux principaux de la nation.

L'archiduc d'Autriche, fils de l'empereur Maximilien II, avait beaucoup de partisans, mais pour plaire aux Lithuaniens, ainsi qu'aux habitants des autres provinces dépendantes de la Pologne qui se souvenaient du règne glorieux des Iagellons, la princesse Anne, sœur de Sigismond Auguste, dernier roi de cette dynastie, fut proclamée reine de Pologne et Etienne Bathory, woïewode de Transylvanie, fut admis à l'épouser et à monter avec elle sur le trône.

Les ambassadeurs d'Etienne Bathory accédèrent à cette combinaison et prêtèrent les serments constitutionnels au nom de leur maître. Etienne Bathory arriva en Pologne quelque temps après, épousa la princesse Anne, qui était son aînée de dix ans, et tous deux furent couronnés à Cracovie en 1576.

Le nouveau roi, ignorant des mœurs et coutumes du peuple sur lequel il devait régner, ne voulut pas compter sur ses forces dans l'administration des affaires de l'Etat, et, ayant été frappé des qualités remarquables d'un gentilhomme de sa cour nommé Zamoyski, il en fit son confident et le consulta dans tous les cas de quelque importance. Par ce choix, le roi fit preuve d'une profonde connaissance des cœurs humains, ainsi que d'un rapide et parfait discernement.

Depuis le commencement jusqu'à la fin de ce règne, ces deux hommes au caractère loyal furent unis par les liens de la plus étroite amitié, pour le plus grand bonheur et la fortune du pays.

Toutes les provinces polonaises reconnurent le nouveau roi ; seuls les habitants du port de Dantzig refusèrent de se soumettre à son autorité. On leur dépêcha une armée pour les contraindre à l'obéissance et les obliger à implorer le pardon de celui que la nation avait choisi. Le bon roi leur fit grâce, leur imposant seulement de prendre à leur charge les frais de l'expédition et de rebâtir un monastère qui avait été détruit du temps de leur révolte.

Pendant que ces événements se déroulaient à Dantzig, le czar Ivan-le-Terrible, entrant en Livonie, qui, à ce moment n'avait pas de forces armées à lui opposer, dévasta le pays, selon son habitude, et fit passer par le feu et le fer les villes d'alentour avec leurs habitants. A son arrivée devant la forteresse de Kissa, les femmes, redoutant le sort qui les menaçait, mirent le feu aux magasins de poudre, préférant la mort au déshonneur.

Les rois de Pologne n'ayant plus le pouvoir de déclarer la guerre sans le consentement de la Diète, le roi Etienne convoqua en toute hâte cette assemblée qui l'autorisa à envoyer le prince Radziwill avec des forces considérables pour rejeter les Moscovites hors des frontières du royaume, ce que le général ne tarda pas à accomplir.

Afin de faire face aux dépenses de cette expédition, des impôts supplémentaires durent être levés. Comme c'étaient les nobles qui décidaient de l'assiette des taxes, ils eurent soin d'en exempter leur propre classe, faisant retomber toute la charge des redevances nationales sur les bourgeois, les artisans, les marchands et les paysans du pays.

A la Diète, le roi proposa de prendre des mesures permanentes contre les incursions dévastatrices des Turcs et des Tartares clans les provinces du midi de la Pologne situées aux bords de la mer Noire. A cet effet, le roi obtint de la Diète l'autorisation d'organiser un corps de cavalerie Cosaque appelé à refouler et à poursuivre les mécréants.

Dans le midi de l'ancienne Pologne s'écoulent les eaux du grand fleuve Dnieper, tributaire de la mer Noire. Sur ses deux bords s'étendent de vastes steppes couvertes de hauts pâturages, mais absolument dépourvues d'arbres.

Ces steppes servaient de champ d'invasion aux hordes Tartares, venues d'Asie, pour se répandre dans les provinces russes de la Pologne. Dans le fleuve Dnieper se trouvaient de nombreuses îles, couvertes d'arbres et de roseaux. Ces îles fourmillaient de réfugiés. Certains d'entre eux étaient de simples aventuriers, d'autres, coupables de manquements plus ou moins graves, avaient fui leur pays pour échapper aux poursuites. Ils formaient pêle-mêle un attroupement de

Polonais, de Lithuaniens, de Petits-Russiens, de Valaques, de Moldaves et même de Turcs. Ils vivaient de poisson frais en été, et en hiver de poisson sec, mais avec le cours des années leur nombre s'accrut si sensiblement qu'ils se trouvèrent en force assez considérable pour attaquer eux-mêmes les Tartares, les Valaques et les Petits-Russiens d'Ukraine et de Podolie, ramenant avec eux des bœufs, des chevaux du menu bétail, tandis que d'autres s'aventuraient à naviguer dans leurs longues et étroites barques jusque sous les murs de Constantinople, assaillant sur la mer Noire ou dans le Bosphore des voiliers turcs, et après les avoir dépouillés de tout ce qui pouvait représenter quelque valeur, se hâtant de revenir à leurs retraites insulaires, chargés de butin. Par l'effet de leur existence aventurière, ces hommes devinrent hardis et intrépides. Ils se considéraient sujets de la Pologne, dont ils parlaient le langage. On les appelait Cosaques d'au-delà des rocs de Dnieper, en d'autres termes Zaporogues.

Ils adoptèrent ce nom pour se distinguer des tribus habitant l'Ukraine, qui se nommaient aussi Cosaques et qui, laboureurs en temps de paix, formaient en temps de guerre une cavalerie redoutable, montée sur de rapides petits coursiers.

Ces deux tribus Cosaques obéissaient à un chef électif auquel ils donnaient le titre d'Hetman. Son élection était confirmée par les rois de Pologne, qui lui faisaient à cette occasion don d'un étendard.

Les Cosaques attaquaient les Turcs aussi bien que les Tartares, et ceux-ci usaient de représailles en entrant à leur tour dans les provinces du midi de la Pologne. Pour repousser ces invasions, le roi Etienne convertit les troupes indisciplinées de Cosaques en armée régulière, qu'il divisa en bannières. Avant de confirmer le choix d'un Hetman, le roi stipulait que, n'importe à quel moment on ferait appel à son assistance, ce chef serait obligé de lui fournir, ainsi qu'à ses successeurs, une troupe de 6.000 Cosaques à cheval.

La cavalerie légère était excessivement utile dans les guerres contre les Turcs et les Tartares ; les hommes qui la composaient étaient actifs et adroits, et leurs petits chevaux agiles pouvaient fournir sans nourriture de fortes étapes de nuit, car c'était toujours après le coucher du soleil que les Cosaques harcelaient l'ennemi en troublant son repos.

Ayant complété l'organisation de cette force Cosaque, le roi Etienne se plaça à sa tête et marcha sur Moscou en 1579. Le Czar Ivan-le-Terrible ne se montra point pendant toute cette campagne. Le roi de Pologne mit le siège devant la grande ville fortifiée de Polock, qui, après une brave résistance, tomba entre les mains des assiégeants. Le roi poussa alors sa marche triomphale jusqu'au cœur même de Moscou et dévasta tout le pays qu'il traversait, réduisant en cendres 2.000 villes et villages. Tels étaient les usages barbares des guerres d'autrefois.

En même temps, le prince Zamoyski assiégea l'importante forteresse de Pskow et poursuivit ses opérations sans égard pour le plus rigoureux des hivers, la sévérité du climat ne pouvant abattre l'énergie de son armée. Le czar, effrayé, envoya un ambassadeur à Rome pour informer le Pape, qu'il était prêt à devenir membre de l'Eglise catholique romaine avec tout son peuple, si Sa Sainteté daignait s'entremettre pour lui obtenir la paix avec le roi de Pologne, sur quoi le Pape dépêcha le Jésuite Possevin auprès d'Etienne Bathory avec mission de l'amener à arrêter les hostilités.

Le roi de Pologne, qui était un bon et pieux catholique, se rendit aux avis du Saint-Père et une suspension d'armes, devant durer dix ans, fut signée en 1582.

Par ce traité, la ville de Polock avec le pays d'alentour et tous les forts et les châteaux que le czar s'était appropriés, furent rendus à la Pologne, les frontières de la Pologne et celles de la Lithuanie s'étendirent considérablement, et le pays fut pour un certain temps libéré de toute atteinte à sa sécurité.

La société de Jésus, dont un de ses membres, le Jésuite Possevin, avait été envoyé par le Pape à la cour de Pologne, était un ordre religieux fondé en Espagne, par St-Ignace de Loyola en 1534. Il fut protégé et investi de grands privilèges par le Pape, qui lui donna la liberté de s'immiscer dans le gouvernement temporel de tous les pays de l'Europe. Cet ordre fut primitivement institué pour défendre l'Eglise Catholique contre les hérésies prêchées par Luther, Calvin, Huss et d'autres réformateurs dont les doctrines commençaient à s'étendre dans la chrétienté d'une façon inquiétante. La société de Jésus était composée d'hommes remarquables par leur savoir et leur habileté, et son influence dominante se fit rapidement sentir dans tous les cabinets d'Europe.

Les Jésuites s'étant établis en Pologne, gagnèrent vite la faveur du roi Etienne, qui leur confia la direction de l'Université qu'il avait fondée en 1578 à Wilna, la capitale de la Lithuanie, et bientôt celle de toutes les écoles du pays.

L'ascendant que cette société avait prise sur l'esprit du roi explique la facilité avec laquelle il fut induit par le Jésuite Possevin à garantir la paix à un monarque qui promettait de passer du Schisme à la branche apostolique de la religion Catholique, et de placer le Pape romain à la tête de l'Eglise Moscovite.

Le règne d'Étienne Bathory fut beaucoup trop court pour le bonheur de son peuple, car les mesures et les réformes que ce monarque honnête, bien intentionné mais très ferme, comptait introduire dans son royaume en auraient sans doute prévenu la décadence et peut-être même empêché la chute finale.

Ce bon roi empêcha tout empiétement sur les frontières de son pays, fonda de nombreuses écoles et une université et fit son possible pour supprimer les abus de pouvoir de la noblesse, vis à vis desquels les rois précédents avaient témoigné une faiblesse excessive.

Il voulait que la nation choisit d'avance son successeur et que dorénavant le trône devint héréditaire en Pologne, comme il l'était alors dans les autres pays d'Europe. Il désirait réduire les privilèges de la noblesse, dont l'accroissement démesuré était devenu un obstacle pour le gouvernement, mais avant tout il souhaitait d'assurer dans toute l'étendue de ses Etats l'entière liberté de conscience.

Malheureusement au moment de convoquer une Diète pour mettre à exécution ces projets bienfaisants, la mort mit fin à ses jours. Etienne Bathory expira subitement à Grodno, en Lithuanie, le 18 Décembre 1586.

Le décès de ce roi termina la troisième époque de l'histoire de Pologne, l'époque la plus glorieuse et la plus florissante, illustrée par la sagesse de ses souverains et par l'éclat des grands guerriers, des poètes et des savants auxquels elle avait donné le jour.

LA POLOGNE

Troisième époque
Abrégé rétrospectif de la Troisième Époque.

Le commencement de la troisième époque de l'histoire de Pologne avait été heureux et prospère. Casimir III, 'le Grand', dernier de la ligne directe des Piasts, avait gagné par son impartiale justice le titre, enviable entre tous, de *'roi des paysans'*. Ce monarque éclairé avait créé l'Université de Cracovie, ainsi que bien des écoles et fondations utiles. N'ayant pas d'enfants, il avait désigné son neveu, le prince capétien Louis d'Anjou, roi de Hongrie, pour lui succéder au trône de Pologne.

Ce dernier, qui fut un des plus illustres rois de Hongrie, négligea les intérêts de la Pologne, mais en compensation il laissa à ce pays son admirable fille Hedvige, qui monta sur le trône en 1384.

Cette noble jeune femme sacrifia ses sentiments personnels au bien de ses sujets, et mettant de côté ses affections pour son fiancé, l'archiduc Guillaume d'Autriche, elle épousa en 1386 le rude Ladislas Iaguello, à condition qu'il deviendrait chrétien et réunirait son duché de Lithuanie au royaume de Pologne.

Pendant le règne de Iaguello commença la décadence des Chevaliers teutoniques. Ils furent vaincus à la grande bataille de Grünwald en 1410 et cette défaite fut une des causes décisives de la chute de cet Ordre.

Sigismond Ier et Sigismond II Auguste furent les derniers représentants mâles de cette lignée royale des Jagellons. Pendant le règne du premier des Sigismond l'acquisition du port de Dantzig donna accès à la Baltique, tandis que les traités conclus avec la Moldavie et, la Valachie ouvraient les débouchés de la mer Noire.

Durant ces deux règnes des écoles furent fondées et dotées, les chemins de communication améliorés, les grandes forêts aménagées, les huttes en bois et chaume remplacées par des maisons en pierres ou en briques, et le luxe dans les vêtements ainsi que dans l'ameublement des demeures fit de rapides progrès. Mais ce qui répandit le plus d'éclat sur cette époque fut le développement des sciences et de l'éducation, qui produisit des hommes tels que l'éminent astronome Copernic, les savants écrivains Janicki et Kromer, les poètes Rey et Jean Kochanowski, enfin des hommes d'État, des guerriers et des législateurs comme Zamoyski et Firley.

La mort d'Étienne Bathory, monarque sage, ferme et bienfaisant, met fin à la troisième époque de l'histoire de la Pologne, que son étendue géographique, la prospérité agricole et son génie national plaçaient, en ce temps-là, au rang des plus civilisées, des plus grandes et des plus riches puissances de l'Europe.

Chap. Onzième

Quatrième Époque
La décadence de la Pologne 1587~1795

Les Républiques varient dans le mode l'élection de leurs gouvernants, ainsi que dans la durée de leur mandat. Il y en a qui ne confèrent que pour un an le suprême pouvoir à un ou plusieurs consuls ; d'autres nomment leur premier fonctionnaire pour plusieurs années. La République de Venise fut gouvernée par un Doge qui était élu à vie. Dans les temps modernes, la confédération helvétique change tous les ans le président du Conseil fédéral, tandis que les Etats-Unis d'Amérique sont présidés par un magistrat désigné pour quatre ans et la République française par un magistrat désigné pour sept ans. Dans l'ancien Saint-Empire romain germanique, le *'Kaiser'* (*Caesar*) était désigné à vie par les princes Electeurs. La République de Pologne (si on peut l'appeler ainsi) se mit, après la mort du dernier des Jagellons, à élire ses rois à vie et la même règle politique fut suivie pendant près de deux siècles, depuis 1572 jusqu'à 1764, date de l'élection du dernier des rois polonais.

Le luxe outrancier dans lequel vécut la noblesse polonaise durant cette période de rois électifs ne fut point une source de prospérité pour le royaume. Et même les brillantes victoires remportées grâce au génie militaire de certains généraux, au lieu de procurer de notables avantages à la patrie, lui devinrent plutôt nuisibles à cause de l'obstination et de l'incapacité de ses souverains.

Les règnes qui vont se succéder pendant ces deux siècles sont, en général, malheureux et dissolvants. Les exploits glorieux de Sobieski et d'autres illustres héros de guerre, leur talents et leur valeur personnelle ne purent sauver un pays dont le gouvernement était vicié jusqu'à son essence.

L'usurpation des privilèges par les nobles, en privant le reste des nationaux de la plupart de leurs droits, fut la cause première de la chute de l'Etat.

Depuis quelque temps, la maison des Habsbourg avait acquis une position remarquable en Europe ; pendant qu'une des branches de cette dynastie joignait la couronne romaine du Saint-Empire germanique, celles de Hongrie, de Bohême et des duchés autrichiens, une autre régnait en Espagne et sur toutes les dépendances de cette péninsule. Dès que le trône de Pologne devint électif, la famille de Habsbourg ne cessa d'y poser sa candidature, chaque fois que l'occasion s'en présentait.

Les Autrichiens commencèrent à intervenir dans les affaires de Pologne, en arrangeant des mariages entre leurs princesses et les rois polonais.

Après la mort d'Etienne Bathory, l'interrègne se prolongea près d'un an, et à son expiration, en mémoire des services que les rois Iagellons avaient rendu au pays, les préférences de la Diète allèrent à un petit-fils du roi Sigismond Ier, au prince suédois Sigismond Vasa, fils de la princesse polonaise Catherine, fille elle-même de ce roi et sœur de Sigismond Auguste et de la princesse Anne.

Cette élection d'un prince suédois fut l'œuvre de Zamoyski, l'ami et le confident du défunt roi Etienne. Un autre grand seigneur, Zborowski, gagné à la maison d'Autriche, déclara l'avènement de l'archiduc Maximilien et s'avança vers Cracovie pour le faire couronner en la cathédrale du Wavel. Zamoyski ne lui laissa pas le temps d'entrer dans la capitale, attaqua les forces de Zborowski, les mit en déroute, fit prisonnier le prince autrichien et imposa le couronnement du fils de Catherine sous le nom de Sigismond III.

Le nouveau monarque, élu uniquement par déférence pour la maison des Iagellons dont il descendait par sa mère, ne possédait pas les qualités dont avait besoin la Pologne. Il s'entoura de Jésuites, à l'instigation desquels il épousa une princesse autrichienne. Il en adopta la langue et les usages, ce qui déplut gravement à ses nouveaux sujets.

A une Diète qui eut lieu à Varsovie en 1592, la noblesse reprocha à son roi d'avoir une préférence marquée pour tout ce qui était allemand, ainsi que d'avoir violé son serment d'observer les *pacta conventa* en contractant un mariage avec une princesse étrangère sans l'assentiment de la Diète. Sigismond III fit des excuses maladroites en renouvelant son serment. Il affirma qu'en s'alliant à la maison d'Autriche, il n'avait eu en vue que l'intérêt de la Pologne.

Les plaintes de ses sujets ne diminuèrent pourtant pas son attachement à la famille des Habsbourg. L'Autriche intervint de plus en plus dans les affaires d'Etat de la Pologne.

Le caractère de Sigismond III était bon, mais il avait trop d'indolence pour prendre effectivement la direction du gouvernement, qu'il laissa aux mains des Jésuites et de ses favoris allemands. Il perdit de cette façon non seulement l'affection de son peuple, mais aussi la couronne de Suède, dont, après la mort de son père, le roi Jean, il était l'héritier direct, et dont, par crainte des Jésuites, il fut dépouillé au profit de son oncle Charles, le frère du roi défunt. Cette usurpation, fut la cause d'une guerre entre la Suède et la, Pologne, laquelle, bien que menée avec talent par les valeureux généraux Zamoyski et Chodkiewicz, se termina défavorablement pour la Pologne, car une partie de la Livonie resta aux mains des Suédois.

Les controverses religieuses, qui à cette époque faisaient rage dans d'autres royaumes, n'avaient pas jusqu'alors atteint la Pologne, mais vers ce temps-là elle commença aussi à être troublée par des différends théologiques. Le projet des Jésuites d'amener à l'union des Eglises grecque et latine fut, en 1595, une première cause de discorde, la seconde fut le mécontentement des Luthériens et des Calvinistes, qui se voyaient exclus, en raison de leurs opinions dogmatiques, de tous les emplois publics. Des dissensions religieuses éclatèrent, d'un caractère si aigre qu'elles amenèrent des échauffourées sanglantes entre partisans et adversaires des Jésuites.

Une révolte grave finit même par éclater. Malgré l'impopularité de son premier mariage, Sigismond III, après la mort de sa femme, épousa une autre princesse autrichienne. Cette union souleva une telle désapprobation dans le pays que deux d'entre les principaux seigneurs polonais, Zebrzydowski et Radziwill, se mirent à la tête d'un grand nombre d'insurgés qui s'étaient réunis sous les murs de Sandomir et s'avancèrent vers Varsovie, où résidait la cour. Sigismond marcha à la rencontre de cette noblesse rebelle, et bien que son armée fut de beaucoup inférieure à la leur, il remporta une victoire complète. Les chefs de la révolte se soumirent et le pardon leur fut accordé. Après ce soulèvement avorté, les mécontents se dispersèrent. La plupart se retirèrent dans leurs campagnes et s'occupèrent de faire valoir leurs terres, indifférents à l'état alarmant dans lequel ils avaient plongé la patrie.

Pendant ce règne, la Pologne perdit un de ses fils les plus illustres, Zamoyski. Il mourut plein de jours et d'honneurs. Il légua à son pays la formidable forteresse de Zamosc, qui existe toujours. Il avait fondé une université et créé de nombreuses écoles dans ses vastes propriétés territoriales. Il laissa à ses descendants de grands biens, grevés de l'entretien des professeurs de cette université et des maîtres de ces écoles. Il légua aussi des sommes pour les approvisionner de livres d'instruments astronomiques et d'autres matériaux scientifiques.

Ce noble patriote fut universellement pleuré. Malheureusement cette impression de regret n'eut pas d'effet pratique sur la conduite des grands seigneurs qui, au lieu de suivre l'exemple de cet homme remarquable, ne cessèrent point de s'abandonner à des excès de tout genre, passant leur vie en intrigues et rivalités sans souci de leurs devoirs envers la patrie.

Il a déjà été question d'Ivan-le-Terrible, ce czar Moscovite qui, non content de sacrifier ses sujets à son insatiable soif de sang humain, fit périr son propre fils et héritier. Son second fils Démétrius (Dimitri), pour échapper à la tyrannie dm son père, puis à la mort certaine qu'il aurait subie du fait de Boris Godounoff, lequel s'était emparé du trône de Moscovie après le décès d'Ivan II, s'était réfugié chez un noble polonais du nom de Mniszek.

Or, le roi Sigismond III en voulait à Boris Godounoff d'avoir prêté main forte aux Suédois dans la guerre où ils s'étaient emparés d'une partie de la Livonie. Aussi, quand il eut connaissance du refuge accordé chez l'un de ses sujets à l'héritier légitime de la couronne Moscovite, il n'hésita pas à autoriser Mniszek, ainsi que deux autres seigneurs qui disposaient d'importantes forces armées, d'escorter Dimitré à Moscou pour l'installer sur le trône de ses pères. Entre temps Boris Godounoff vint à mourir, ils eurent donc peu de difficultés dans l'accomplissement de leur mission.

Mais tandis que le jeune prince résidait dans la maison de Mniszek, il était tombé follement épris de sa fille Marina, qu'il épousa plus tard et qu'il fit czarine de Moscovie.

Le règne de Dimitri fut de courte durée, car, voulant témoigner sa gratitude au roi de Pologne, qui l'avait placé sur le trône, il essaya, sur la demande de Sigismond, conseillé par les Jésuites, d'amener les Moscovites à renoncer à l'Eglise orthodoxe pour se rallier à la confession catholique, leur persuadant de reconnaître le Pape pour le chef spirituel de leur religion. Ses sujets se révoltèrent et Szinski, un nouveau prétendant à la couronne de Moscou, se mettant à la tête des insurgés, tua Dimitri, emprisonna sa femme et ses partisans, et se proclama czar de Moscovie.

Un événement singulier, en rapport avec le meurtre de Dimitri, survint alors dans ce pays. De même qu'en France la mort du petit dauphin, fils de Louis XVI, fut enveloppée de mystère et d'incertitude et fit surgir plus d'un imposteur se déclarant le vrai Louis XVII, de même à Moscou apparut un soi-disant Dimitri qui prétendit être le fils véritable d'Ivan-le-Terrible.

Les Polonais, désireux de venger la captivité de leur compatriote Marina Mniszek, encouragèrent ce prétendant l'aidèrent à détrôner Szinski et à se faire reconnaître czar de Moscovie. Marina fut retirée de prison et, pour garder son rang de Czarine, n'hésita pas à reconnaître l'identité de ce nouveau Dimitri et à être sa femme.

Leur règne ne fut pas long. Le second Dimitri fut tué et les Moscovites choisirent un autre czar. Marina et son jeune fils furent ensevelis vivants sous une épaisse couche de glace.

Mettant à profit les troubles et les tragiques événements de Moscou, Sigismond III déclara la guerre au nouveau czar. Il espérait toujours convertir les Moscovites au catholicisme et devenir l'exécuteur des desseins de ses conseillers de la Compagnie de Jésus. Sigismond commença par assiéger la forteresse de Smolensk. Son armée était commandée par l'illustre Zolkiewski, qui, après avoir pris la ville, marcha de victoire en victoire jusqu'à Moscou, qui se rendit à ce guerrier indomptable. Zolkiewski se saisit de toute la famille du czar Szinski et, suivi de ses prisonniers, revint en triomphe à Varsovie. A la suite de cette défaite, les Moscovites offrirent la couronne des czars à Ladislas, fils aîné du roi de Pologne, à la condition qu'il changerait de religion et deviendrait membre de l'Église Orthodoxe.

Sigismond III, dans son intransigeance religieuse, défendit à Ladislas d'abandonner sa foi et rejeta l'offre des Moscovites. Ceux-ci prirent alors pour czar un Romanow, dont la descendance s'illustra par Pierre le Grand et se continua, après l'extinction de la branche mâle, dans la famille régnante actuelle de Russie, issue du croisement des Romanows avec des maisons princières d'Allemagne.

Aux termes du traité de paix conclu à Moscou en 1619, la forteresse de Smolensk et une part considérable de la Moscovie restèrent entre les mains des Polonais, mais le rejet par Sigismond III, du trône moscovite offert à son fils fit à jamais perdre à la Pologne les avantages qui auraient pu lui revenir, si Ladislas, appelé à succéder à son père au royaume de Pologne, eut été en même temps czar de Moscovie.

Sigismond III, dont le règne fut en somme très défavorable au pays, ne cessa d'entretenir des relations intimes avec la maison d'Autriche. L'empereur Maximilien l'invita à l'aider contre les protestants d'Allemagne dans ce que l'histoire qualifia du nom de « *Guerre de Trente ans* ». Sigismond accepta cette proposition et fournit à l'empereur germanique plusieurs corps de Cosaques qui rendirent de précieux services à l'armée impériale, par leur manière de combattre l'ennemi en des attaques nocturnes et soudaines.

Pendant que l'empereur, engagé d'un côté dans la « *Guerre de trente ans* » était de l'autre en lutte avec la Turquie, le Sultan résolut de se venger de l'assistance que les Polonais avaient prêtée à l'Autriche et entra en Moldavie avec des forces considérables.

Sigismond III envoya son principal homme de guerre, Zolkiewski, contre les Turcs, mais l'armée polonaise, de beaucoup moins nombreuse que la leur, fut défaite à la bataille de Cecora, en Moldavie, où Zolkiewski trouva la mort et où beaucoup de ses soldats tombèrent aux mains de l'ennemi.

Après cette néfaste campagne, le sultan Osman, à la tête de 300.000 Musulmans, marcha vers les frontières de la Pologne avec l'intention de conquérir tout le royaume.

A cette alarmante nouvelle, une Diète fut convoquée en toute hâte et on y décréta une levée en masse pour défendre la patrie et repousser le fléau musulman.

Mais avant que l'armée pût être organisée, le hetman Chodkiewiez, qui avait succédé à Zolkiewski dans le commandement en chef de l'armée, passa le fleuve Dniester avec 35.000 soldats et 30.000 Cosaques, campa sous les murs de la forteresse de Chocim, y attendit l'ennemi, sur lequel il fonça dès son apparition, et malgré la disproportion des forces belligérantes, mit complètement les Turcs en déroute. Les mécréants abandonnèrent sur le champ de bataille leurs tentes, leurs canons et d'énormes approvisionnements.

Après ce brillant exploit, la paix fut conclue avec la Turquie et il n'est pas douteux que c'est grâce à cette victoire que l'Europe occidentale fut, à ce moment, délivrée du danger d'une invasion musulmane. Il en fut de même quatre-vingt ans plus tard, lorsque Sobieski délit les Turcs sous les murs de Vienne.

Le glorieux vainqueur polonais ne survécut pas longtemps à son triomphe. Épuisé de fatigue, usé par les intempéries, il mourut à son camp avant d'avoir eu la satisfaction de reconduire ses soldats à leurs foyers.

Pendant que ces événements avaient lieu dans les provinces du midi, Gustave-Adolphe, qui venait de monter sur le trône de Suède, marchait vers la Livonie, où à ce moment il n'y avait point de troupes polonaises à lui opposer, toutes ayant été enrôlées contre les Turcs, et prenait rapidement possession de cette province polonaise. Le roi de Suède, toutefois, offrit de la restituer à la Pologne à la condition que Sigismond III renoncerait à toute prétention à la couronne scandinave. Mais dans cette question comme dans toutes celles qu'il eut à résoudre, le roi Sigismond agit avec la même mesquinerie obstinée, la même méconnaissance aveugle des intérêts véritables du royaume. Il n'accepta point les propositions de Gustave-Adolphe, et ce refus coûta à la Pologne toute la province de Livonie, que Gustave-Adolphe, dès lors, annexa à ses Etats, ainsi que plusieurs autres villes appartenant à la Courlande.

D'autre part, les troupes polonaises n'ayant pas reçu leur solde, se révoltèrent en masse, et sourdes aux représentations de leurs officiers, se dispersèrent, en pillant, sur leur passage, les malheureux habitants, partout où ils pouvaient les atteindre.

L'élection de Sigismond Vasa au trône de Pologne ne fut pas une idée heureuse. Le respect pour la dynastie des Jagellons n'avait pas porté les fruits qu'il méritait. Ce qui aggrava encore le résultat négatif du règne de Sigismond III fut sa durée de quarante-cinq ans.

Kalixt de Wolski

Un grand nombre d'hommes éminents vécurent pendant cette période : la tête suprême, malheureusement, n'était pas à la hauteur.

Les Polonais commencèrent dès lors à s'habituer à la perte, l'une après l'autre, de toutes leurs dépendances. Ces mécomptes successifs ne furent que l'effet des erreurs de leurs mauvais gouvernements.

Chap. Douzième

(1632~1669)

Ladislas, le fils aîné de Sigismond III Vasa, était bien connu pour la valeur personnelle qu'il déploya en prenant part, du vivant de son père, aux guerres contre les Suédois, les Turcs et les Moscovites.

A la mort de Sigismond, ce prince fut immédiatement élu roi de Pologne, procédé qui épargna au pays toutes les misères habituelles d'un interrègne.

En 1633, comme conclusion des campagnes heureuses contre les Moscovites, fut signé un traité tout à l'avantage de la Pologne.

Bientôt, grâce aux bons offices de l'Angleterre et de la France, un autre traité fut conclu entre la Pologne et la Suède, par lequel le roi de Suède restituait une partie de la Prusse, qu'il avait annexée antérieurement.

Le règne de Ladislas IV [2] commença donc sous d'heureux auspices, en ce qui concernait les affaires extérieures. Ces résultats acquis, le nouveau roi tourna son attention vers l'administration intérieure du pays, mais les dissensions religieuses surgies du temps de Sigismond III paralysèrent toutes ses bonnes intentions.

En attendant, les Cosaques s'étaient fortifiés et multipliés au point qu'ils occupaient maintenant d'immenses espaces de chaque côté du fleuve Dnieper. Ils vivaient dans l'indépendance. Ils avaient adopté le culte grec, tandis que les propriétaires fonciers de ce pays, tous d'origine polonaise, appartenaient à l'Eglise catholique.

A l'instigation de l'Autriche, les Cosaques finirent par refuser obéissance à leur suzerain, le roi de Pologne. La politique autrichienne consistant à brouiller la Pologne avec la Turquie, les Cosaques furent, amenés à faire de fréquentes irruptions dans ce dernier pays, dont le Sultan, rendant la Pologne responsable de ces attaques réitérées, y répondait par des hostilités perpétuelles.

Cette révolte des Cosaques fut bientôt domptée par l'énergie et la valeur des forces armées, sous le commandement de Potocki. Après leur défaite, les turbulents et sauvages cavaliers implorèrent le pardon du roi et la guerre avec la Turquie fut cette fois évitée.

2.) Ce prince est aussi désigné sous le nom de Ladislas VII, suivant que l'on considère son rang parmi les souverains Polonais où seulement parmi les rois de Pologne ayant ceint la couronne royale. Avant lui régnèrent six Ladislas, savoir :

1° quatre sous les Piasts : Ladislas Herman au XIE siècle ; Ladislas II au XIIE siècle ; Ladislas III au début du XIIIE siècle ; Ladislas le Bref, couronné roi en 1319 et mort en 1333 ;

2° deux sous les Jagellons ; le roi Ladislas II Jagellon et son fils le roi Ladislas III, tué à la bataille de Varna en 1444.

L'avantage résultant de l'apaisement de cette insurrection fut éphémère et devint même, à la fin, fatal à la Pologne, car, l'exécution de l'Ataman des Cosaques et la réduction de ces tribus féroces et hardies éveilla en elles une haine profonde contre la noblesse de Pologne.

Nonobstant les brillants augures qui marquèrent le début du règne de Ladislas IV, les tristes conditions du royaume ne furent que bien peu améliorées. Les querelles de la noblesse devinrent incessantes ; le seul point d'union des Seigneurs consistait à déjouer en commun les efforts et les bonnes intentions de leurs souverains.

Ils suspectaient maintenant Ladislas, de vouloir les priver (à l'aide des Cosaques d'Ukraine et des autres provinces du midi de la Pologne) des privilèges excessifs qui leur avaient été octroyés. C'est pourquoi ils l'obligèrent, à la Diète de 1646, de rompre les traités qu'il avait signés, de licencier la milice et de ne retenir que 1 200 hommes de garde.

Ladislas IV désirait créer un Ordre pour « le Mérite » en reconnaissance de la valeur personnelle et des talents des divers serviteurs de la République. Il voulait aussi introduire en Pologne une hiérarchie de titres de noblesse, pareille à celle qui existait dans d'autres pays, princes, ducs, marquis, comtes, vicomtes, barons, chevaliers, écuyers. Les nobles de Pologne refusèrent de souscrire à cette proposition, affirmant que le rang de gentilhomme polonais était l'équivalent de tous les titres susdits, puisqu'il donnait à chaque représentant de la noblesse la possibilité de devenir roi de Pologne.

En 1638 un incident fâcheux arriva à Jean Casimir, frère du roi Ladislas et fils Cadet de Sigismond III. Ayant l'intention de faire une excursion en Espagne, il s'y rendait par mer, lorsque, souffrant beaucoup de ce voyage, il se décida à prendre quelque repos à Marseille avant d'aller plus loin. Par malheur la France était alors en guerre avec l'Espagne, et les Français, prenant le prince pour un espion ennemi, l'emprisonnèrent à Marseille sur le soupçon qu'il pouvait avoir été envoyé par l'Espagne pour reconnaître les côtes de France et y guider plus tard la flotte espagnole. Après deux ans de prison il fut mis en liberté, sur l'assurance solennellement donnée par une ambassade de la République de Pologne que le prince ne combattrait jamais contre la France. Jean Casimir fut si dégoûté des traitements subis qu'il rebroussa chemin et se rendit à Rome, où il entra dans l'Ordre des Jésuites et fut peu de temps après (1646) promu Cardinal romain.

Vers cette même époque survint en Ukraine un événement défavorable, gros de désastres pour la Pologne. Ladislas IV avait fait don d'un village de cette province, à un gentilhomme polonais, nommé Bohdan Chmielnicki, en récompense de sa bravoure dans les guerres contre les Moscovites. Bohdan appartenait à l'église orthodoxe grecque. L'intendant d'un grand seigneur polonais ayant de vastes possessions en Ukraine, devint son ennemi mortel. Cet homme s'empara du village offert par le roi à Bohdan, détourna sa femme et fit périr son fils.

Bohdan Chmielnicki, comme de juste, voua une haine implacable à l'infâme intendant ainsi qu'à son maître. La population Cosaque sympathisa avec son coreligionnaire et jura vengeance à tous les Polonais et à tous les catholiques en général. A travers l'Ukraine et les provinces méridionales éclata soudain une terrible révolte contre la noblesse polonaise.

Bohdan Chmielnicki se mit immédiatement à la tête des Cosaques et s'en fut en Crimée pour solliciter l'assistance du Khan musulman des Tartares. Ceux-ci étaient trop heureux de toute occasion d'envahir des contrées qui leur offraient la perspective d'un pillage. Ils affluèrent mous l'étendard de Bohdan, qui marcha sur Lwow, la capitale de la petite Russie, où il leva de nouveaux renforts. Il somma alors le roi Ladislas de redresser les crimes dont ses sujets s'étaient rendus coupables.

La mort empêcha le roi de répondre à l'appel de Chmielnicki, qui s'avança avec son armée sous les murs de la forteresse de Zamosc, où, distribuant à ses troupes les provisions enlevées au fil de l'épée, il attendit l'élection d'un nouveau roi.

Ladislas mourut le 28 Mai 1648, dans sa cinquante troisième année, après un règne de seize ans.

Son frère Jean Casimir Vasa, qui avait été captif en France et plus tard créé Cardinal à Rome, fut élu roi de Pologne. Chmielnicki le reconnut pour son souverain, à condition que la population Cosaque cesserait désormais d'être dépendante de la noblesse polonaise et que nul ne pourrait intervenir dans ses affaires de conscience. Après avoir posé cette condition à son acte de soumission, il rappela son armée en Ukraine.

Le feu roi Ladislas avait reçu une éducation soignée. Ses voyages en pays étrangers lui avait donné une grande connaissance des hommes, qualité dont le gouvernement du royaume avait largement bénéficié. Mais il était si prodigue et ses serviteurs en abusaient tellement qu'il se trouvait souvent réduit aux derniers expédients.

Il s'était marié deux fois. Sa première femme fut la fille de Ferdinand, empereur germanique. La seconde, Marie-Louise de Nevers, princesse de Mantoue, épousa, après sa mort, Jean Casimir, frère et successeur de son mari.

A la suite de son élection, Jean II Casimir fut couronné roi de Pologne, le 17 janvier 1649. Peu de temps après, le roi nomma une commission pour examiner à fond les motifs des plaintes de Bohdan Chmielnicki.

Les commissaires trouvèrent ce dernier dans des dispositions bien différentes de celles qu'il avait affectées sous les murs de Zamosc, quand le nouveau roi le créa Ataman des Cosaques et lui envoya l'étendard, insigne d'autorité sur toutes les tribus cosaques. Bien qu'il fît toujours preuve de respect pour le roi, comme son sujet, il ne cessa point de protester en termes violents contre l'oppression de la population appartenant à l'église grecque, tyrannie qui était arrivée à son apogée, les gens des races soumises ayant été déclarés serfs de glèbe.

Cet Ataman ayant acquis une immense influence sur ses Cosaques, conçut l'idée de se proclamer roi de l'Ukraine, mais comme il n'osait pas encore mettre ses desseins à exécution, il feignit de se soumettre au roi de Pologne, lui imposant pourtant les conditions suivantes :

1° La population Cosaque serait rendue à l'indépendance qu'elle possédait avant d'être réduite à l'état de servitude ;
2° les Jésuites et les Juifs quitteraient l'Ukraine ;
3° le roi renoncerait à l'union religieuse entre les Ruthènes et l'Eglise latine ;
4° tous les emplois publics dans cette province seraient occupés par des affiliés de l'Eglise grecque ;
5° le roi s'engagerait à lui livrer l'infâme intendant qui s'était saisi de ses propriétés, avait détourné sa femme et assassiné son fils.

Ces conditions ne furent pas acceptées et une guerre éclata entre les Polonais et les Cosaques, qui avaient les Tartares pour alliés.

Le roi de Pologne ne put d'abord mettre sous les armes que 9.000 combattants, qu'il envoya en Podolie. Une ville de ces provinces méridionales fut, en outre, fortifiée et défendue pondant deux mois contre une énorme armée de Cosaque et de Tartares. Ses défenseurs furent réduits à la plus grande détresse. Ils luttèrent héroïquement, mais réduits par la famine, ils allaient désespérer, lorsqu'une flèche tomba par dessus la muraille, leur apportant l'heureuse nouvelle de l'approche de Jean Casimir, qui accourait à leur secours.

En effet, le roi arriva avec une armée de 18.000 hommes et eut une entrevue avec le Khan des Tartares, lequel avait été prisonnier pendant le règne de Ladislas IV, jusqu'au moment où Jean Casimir lui eût rendu la liberté. Rappelé au souvenir de cet acte généreux, le Khan abandonna les Cosaques et mit ses forces au service du roi de Pologne.

Chmielnicki, se voyant trahi par ses alliés Tartares, fit également acte d'obéissance, se jeta aux pieds du roi et implora son pardon.

Après l'humiliante soumission que Chmielnicki avait été contraint de faire, on pouvait supposer qu'il se tiendrait désormais tranquille, mais cet homme vindicatif continua de porter le trouble en Pologne. Il écrivit au czar de Moscovie ainsi qu'au roi de Suède, et alla lui-même auprès du Khan des Tartares, pour leur proposer une descente simultanée en Pologne, suivant un plan par lui élaboré. Il promettait de se joindre avec ses propres forces à ces armées collectives, et, par le démembrement de la Pologne, espérait dégager à jamais les provinces méridionales du joug de la noblesse polonaise.

Le roi Jean Casimir, apprenant ce nouvel acte de perfidie de la part de Chmielnicki, et voyant que ce personnage ambitieux était résolu à renverser son trône, convoqua une Diète qui décida à l'unanimité une levée en masse. Cent mille nobles guerriers entrèrent en lies forces Cosaque et l'armée Tartare étaient trois fois plus grandes que celles de la Pologne, mais malgré cette disproportion, après dix jours de rude combat, elles furent complètement mises en déroute. Par malheur, la noblesse, polonaise, avec le manque de persévérance qui la caractérisait au du lieu de poursuivre ses ennemis et de les rendre à jamais incapables de nuire la patrie, se dispersa, après cette victoire, prenant le chemin de ses foyers, et le roi, se voyant démuni de troupes, n'eut d'autre alternative que de rentrer à Varsovie.

Chmielnicki, trop heureux de cette faute, reparut sur scène et formula de nouvelles conditions, demandant que la Moldavie lui fût abandonnée et que la fille du hospadar de cette, province danubienne fut donnée en mariage à son fils.

Des forces polonaises étaient demeurées paisiblement en garnison dans une localité d'Ukraine. Chmielnicki, poussé par sa haine pour la Pologne, tomba par surprise sur cette garnison et en massacra tous les soldats, jusqu'au dernier. Après quoi, il, fit avec la population Cosaque, acte de soumission au czar de Moscovie.

Lorsque la nouvelle de cet événement atteignit Varsovie, une indignation souleva les habitants de la Pologne, mais comme, par la plus grande des fatalités, un désarroi complet y régnait à ce moment nombre de grands seigneurs, au lieu de prendre des mesures énergiques pour réprimer une fois pour toutes ces incessantes révoltes, rassemblèrent leurs richesses et quittèrent le pays.

Cette conduite lamentable ne fut que le précurseur des infortunes ultérieures de la Pologne, qui se suivirent rapidement pendant toute la durée du triste règne de Jean Casimir. Les Moscovites, auxquels Chmielnicki s'était allié avec tous ses Cosaques, excités par ce terrible ennemi du royaume polonais, envahirent et assiégèrent les grandes cités de Smolensk, Polock et Vitebsk, où, sous d'autres rois, le sang polonais avait été généreusement versé pour les unir à la Pologne.

En 1652, la Diète convoquée avait déjà commencé à voter les résolutions nécessaires pour préserver le pays de ces invasions, lorsqu'un misérable gentilhomme polonais, à la solde des Moscovites sans doute ou tout simplement pris de boisson, se mit à crier : « *Je m'y oppose* » et ce veto d'un seul opinant obligea la Diète à se dissoudre avant d'arriver à une entente.

Il faut prendre note d'une anomalie, dépourvue de sons commun, alors en vigueur dans la constitution du pays. Tandis que dans toutes les autres nations gouvernées par des assemblées délibérantes, chaque question concernant le bien du pays était décidée à la majorité des voix, en Pologne n'importe qu'elle cause présentée à la Diète devait être résolue par le vote unanime de tous ses membres, de sorte que si un écervelé ou un traître s'avisait de dire : «*Je m'y oppose*», cela suffisait pour motiver la dissolution de la Diète avant d'arriver à un résultat décisif, et lorsque la question était de nature à exiger une prompte résolution, il fallait convoquer une autre Assemblée nationale pour débattre à nouveau les affaires qui n'avaient pas recueilli l'assentiment unanime de la Diète précédente.

Avec des lois aussi insensées, il est facile de comprendre l'impossibilité de porter remède aux maux qui rongeaient le cœur même de la Pologne, et la plongeaient au plus profond de ces désordres qui furent la cause finale de son partage entre ses trois puissants voisins.

Les infortunes de la Pologne commencèrent avec le règne de Sigismond III, en raison de son intolérance religieuse et des prérogatives exagérées que la noblesse polonaise s'était arrogées dans le gouvernement du pays.

Le second roi de cette triste époque, Ladislas IV était brave, instruit et sage. Il ne désirait que le bien-être de son royaume, mais ses meilleures intentions étaient toujours contrecarrées par l'entêtement et l'incapacité des seigneurs qui partageaient avec lui le suprême pouvoir.

Quant au troisième roi, Jean Casimir, toutes les calamités possibles contribuèrent a assombrir son règne, qui finit par une guerre désastreuse avec la Suède et par la ruine absolue de tout le pays, En ce temps, un gentilhomme polonais nommé Radziejowski, vivait en mésintelligence avec sa femme, à laquelle le roi conseilla de plaider en séparation. Elle l'obtint, et forte de la protection du monarque, alla s'établir dans l'un de ses châteaux. Le mari, offensé, attaqua cette résidence à l'aide de ses serviteurs et en chassa son épouse. A la nouvelle de cet incident, le roi ordonna une poursuite criminelle contre le mari, lequel fut condamné à mort. Mais Radziejowski n'attendit pas l'éxécution de l'arrêt et se réfugia à la cour de Suède, dont le trône était alors occupé par le jeune roi Charles-Gustave. Il lui représenta le triste état des choses en Pologne, lui conseillant de tirer avantage de l'anarchie qui y régnait, pour en faire la conquête.

Le roi de Suède prêta l'oreille à ce traître et assembla à la hâte une armée de 17.000 soldats. Les troupes de Charles-Gustave entrèrent en Poméranie et en Grande Pologne sous le commandement de Radziejowski. Nombre de nobles polonais des provinces attaquées se rangèrent du côté du roi de Suède qu'ils saluèrent du titre de *« protecteur de la Pologne »*. En même temps les Moscovites envahiront la Lithuanie, et les Cosaques, leurs nouveaux vassaux, se portèrent sous les murs de Lwow, la capitale de la Russie Rouge.

Le roi Jean Casimir, estimant qu'il ne pourrait s'opposer victorieusement à toutes ces invasions, s'esquiva en Silésie, et le roi de Suède, se trouvant déjà maître de la majeure partie de la Pologne, fit la remarque :

> *« Qu'il ne lui était plus nécessaire de s'en faire élire roi, car il l'était déjà par la force du sabre qu'il portait à son côté. »*

Ce jeune monarque, fier de ses conquêtes, désira visiter les tombeaux des rois polonais dans la cathédrale du Wavel, à Cracovie, et entendre l'histoire des exploits par lesquels ils s'étaient distingués. S'étant arrêté devant le mausolée du roi Ladislas Ier 'le Bref' il demanda quelles actions l'avaient illustré. Le chanoine qui lui faisait les honneurs de l'Église répondit :

> *« Sa bravoure et sa persévérance, car se voyant trois fois distancé par ses compétiteurs au trône de Pologne, il s'efforça trois fois de le reconquérir, et y ayant enfin réussi, il le conserva glorieusement jusqu'à sa mort. »*

Le jeune roi répliqua avec présomption :

> *« Votre roi actuel Jean Casimir ne reviendra plus de son exil, car à présent c'est moi qui suis souverain de ce pays et ne cesserai jamais de l'être. »*

> « ***Dieu est grand***, dit humblement le chanoine, *et dans sa sagesse il peut changer le cours des événements conformément à sa volonté toute puissante.* »

En effet, l'épreuve suprême ne devait pas encore atteindre la Pologne.

Le supérieur d'un couvent de moines situé sur le sommet du mont de la Clarté (Yasna Góra) près de la ville de Czenstochova, couvent où se trouvait une image de la sainte Vierge qu'on disait provenir de la maison de Nazareth que Jésus avait habitée dans son enfance, possédait une foi si profonde en l'omnipotence du pouvoir divin qu'il persuada à la petite garnison de Czenstochova de fortifier et de défendre cette ville jusqu'à la dernière extrémité contre les Suédois hérétiques, qui, s'étant rendus maîtres de la plus grande partie de la Pologne, voulaient prendre d'assaut le mont sacré pour s'emparer des grandes richesses qui y étaient déposées.

La foi ardente du moine Kordecki sauva le pays, car la petite garnison se défendit avec un courage si héroïque que, malgré la force des assiégeants dix fois plus grande que celle des assiégés, la forteresse ne fut jamais prise par les Suédois, et cette sublime défense aviva, tellement la croyance des Polonais dans l'intervention de la Vierge en leur faveur que toute la nation se leva en masse et repoussa l'ennemi.

Notre-Dame de Częnstochova

Cette image de la Sainte Vierge fut proclamée miraculeuse, le titre de reine de Pologne lui fut donné, et la foi dans le miracle opéré par elle, pour la bonne cause, persiste immuablement. Chaque année, aux grandes fêtes de la Vierge, des pèlerinages affluent vers ses autels, de toutes les parties de l'ancienne Pologne, leur amenant annuellement jusqu'à 200.000 fidèles.

Le roi Jean Casimir quitta la Silésie et rentra à Varsovie, qui, depuis le règne de Sigismond III, était devenue définitivement la capitale de la Pologne, et où on peut voir toujours la statue du roi Sigismond, érigée par son fils aîné Ladislas IV et posée au dessus d'une colonne faisant face à l'ancien château royal.

Pendant le règne de Jean Casimir, de glorieux exploits furent accomplis par le chef de guerre Czarnecki, qui, n'étant qu'un simple gentilhomme, s'éleva par sa bravoure et son génie militaire aux plus hautes dignités de l'armée, mettant plusieurs fois en déroute les Cosaques, dont une partie se sépara alors de Chmielnicki et se soumit de nouveau à la domination de la Pologne. Il vainquit aussi les Suédois et les Moscovites, et à la Diète de 1661 il fit déposer aux pieds du roi 130 étendards enlevés aux premiers et 175 aux seconds. Mais ces triomphes partiels ne suffirent pas à fortifier, ni par conséquent à sauver la patrie déclinante.

La reine Marie-Louise de Nevers, qui, après la mort de Ladislas IV, avait épousé son frère et successeur Jean Casimir (lequel, bien que Cardinal, avait obtenu du Pape la dissolution de ses vœux et la permission de se marier), étant très désireuse de voir l'héritier au trône de Pologne désigné encore du vivant de son époux, proposa pour tel, en sa qualité de française, le grand Condé, qui aurait peut-être été le vrai sauveur de la Pologne, si, en cette circonstance, comme en bien d'autres, les nobles polonais, guidés par Lubomirski, un des principaux seigneurs, n'avaient mis opposition à une élection qui offrait une chance de salut effectif au pays en détresse.

Après la mort de la reine, Jean II Casimir, abattu par les mécomptes qui affligèrent son règne et se sentant incapable d'y porter remède, abdiqua en 1669 et se retira dans un couvent de France, où il mourut en 1672.

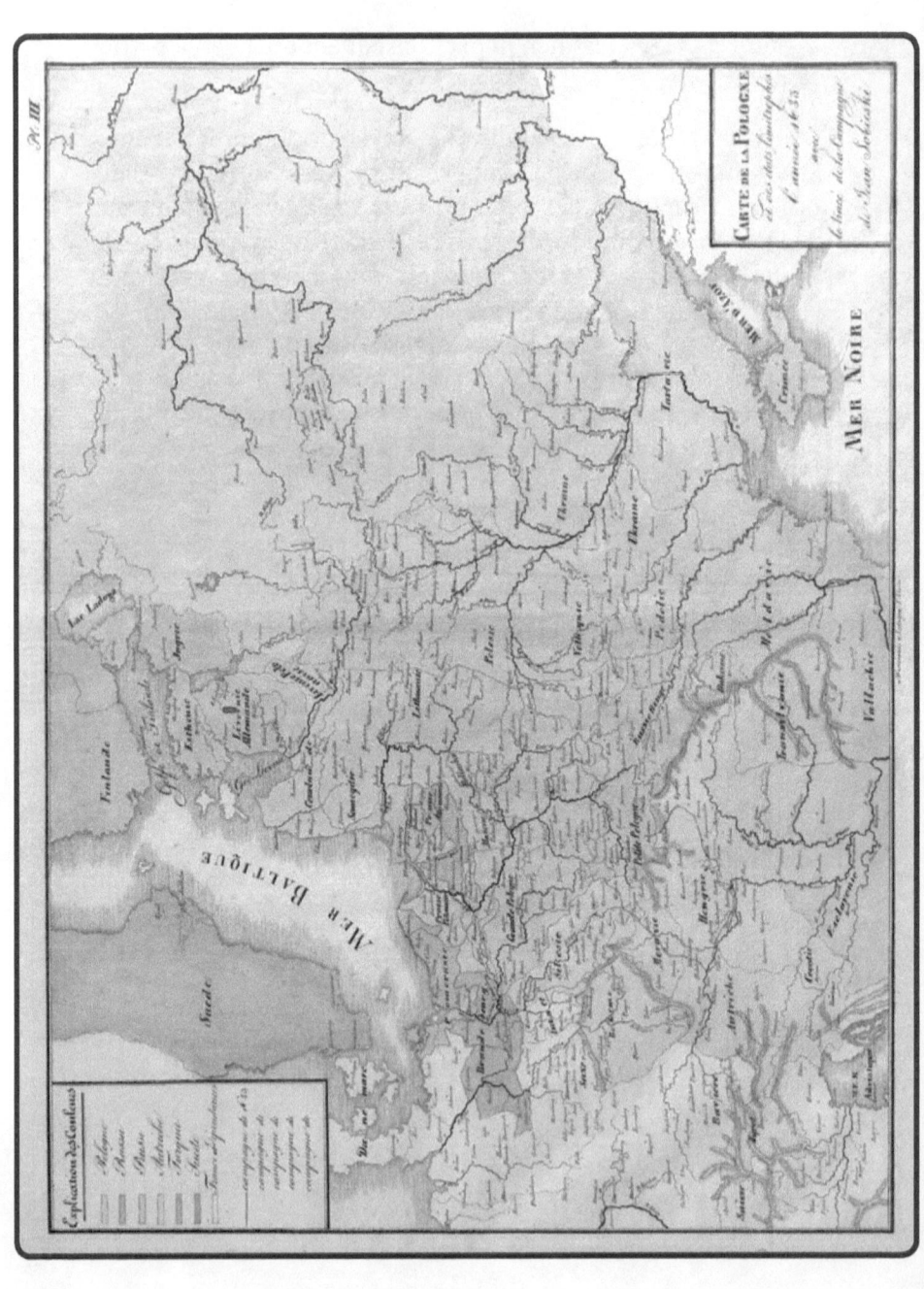

Chap. Treizième

1669~1733

IMMÉDIATEMENT APRÈS L'ABDICATION de Jean Casimir, le primat de Gniezno avisa la Diète de se réunir dans les plaines de Wola, près de Varsovie, pour décider du sort de la royauté vacante.

Les partisans du prince français de Condé, parmi lesquels se trouvaient le primat lui-même et le nouveau général en chef de l'armée Jean Sobieski, proposèrent derechef ce prince pour le trône de Pologne, mais la majorité des nobles, se souvenant que tel avait été le désir de Marie-Louise de Nevers, épouse de Jean Casimir, refusèrent de souscrire à cette élection, imbus de ressentiment pour cette princesse étrangère et désireux d'avoir enfin un souverain de leur propre nation. Aussi, se souvenant des services rendus au pays par un grand seigneur d'Ukraine, qui, pendant les guerres contre les Cosaques révoltés, avait sacrifié une immense fortune à la République menacée, et qui était mort peu de temps après, ils élirent roi de Pologne son fils, Michel Wisniowiecki.

Ce prince, alors âgé de trente ans ; désira faire tout le bien qu'il pouvait à sa patrie. Il était parfaitement éduqué et instruit, mais, malheureusement pour son peuple, à cette époque de guerres sans fin et de troubles intérieurs, il ne possédait aucune instruction militaire, ce qui fit que, des le début de son règne, l'enthousiasme avec lequel il avait été élu tomba rapidement. Son union avec la sœur de Léopold, empereur germanique, causa un mécontentement général, car les princesses autrichiennes qui, par mariage, étaient devenues reines de Pologne, avaient presque toujours porté malchance au pays.

L'inhabileté du roi dans les affaires militaires lui fit signer un traité humiliant avec le sultan Mahomet IV, qui, en 1672, avait envahi la Pologne à la tête de 80.000 hommes, atteignant les murailles de Lwow, chef-lieu de la Russie Rouge.

La Diète, convoquée en hâte à Varsovie, ne voulut pas ratifier ce pacte et résolut d'entreprendre la guerre avec les Musulmans, guerre à laquelle le souverain fut obligé d'assister. A cet effet il partit pour Lwow, mais, chemin faisant, il tomba malade et mourut le 10 Novembre 1673, après un règne de quatre ans qui lui apporta une suite de déceptions et de chagrins, et à son pays de grandes infortunes, lesquelles, depuis le commencement du règne de Sigismond III ; n'avaient pas cessé d'accabler la Pologne.

Le lendemain de ce décès inattendu, le 11 Novembre 1673, Jean Sobieski, général en chef de l'armée polonaise remporta avec 45.000 soldats une victoire brillante sur les Turcs, dont le nombre dépassait 80.000 hommes. Les canons et les armes des Ottomans, ainsi que leurs provisions de guerre, tombèrent, avec la forteresse de Chocim, entre les mains des Polonais et furent les trophées de ce combat glorieux.

C'est au 20 Août 1674 que fut fixée l'élection du successeur du défunt roi Michel.

Depuis que le trône de Pologne avait été déclaré électif, c'est-à-dire depuis 1573, il n'y avait jamais eu autant de candidats au sceptre royal qu'après la fin prématurée du jeune roi. On en compta quatorze. Parmi eux se trouvaient deux princes qui devinrent plus tard rois d'Angleterre, Jacques, duc d'York, qui, après s'être sauvé de son royaume, résida en France, à St-Germain en Laye, et Guillaume, prince d'Orange et stathouder de Hollande, qui devint ensuite roi des Anglais. Il y avait aussi un prince français, Condé ; un Espagnol, Don Juan d'Autriche, fils naturel de Philippe, roi d'Espagne ; un prince danois ; Charles, duc de Lorraine ; un fils de l'électeur de Brandebourg, et quatre autres princes Allemands.

Jean Sobieski, confiant le commandement de son armée à un de ses capitaines, courut à Varsovie pour appuyer la candidature du prince français de Condé, sous lequel il s'était battu dans sa jeunesse ; mais comme les récentes victoires de Sobieski lui avaient donné un prestige considérable, un voïévode (gouverneur) d'une des provinces de la Russie Rouge s'écria avec enthousiasme :

> *« Nul n'est plus digne de la couronne que notre Jean Sobieski, qui, par sa valeur personnelle et ses talents militaires, a sauvé la Pologne de l'opprobre auquel l'avait exposée le traité honteux signé sous le dernier règne ! »*

Cette proposition patriotique du voïévode fut accueillie avec des exclamations de joie par une si immense majorité de voix que Jean Sobieski fut proclamé roi le 21 Mai 1674.

Mais comme la guerre avec les Turcs n'était pas encore terminée, le nouveau roi, reculant son couronnement, se hâta de retourner sur le terrain des opérations, d'où il acheva de chasser l'ennemi, le poursuivant jusqu'au delà du territoire polonais. Pendant cette campagne, une forteresse, nommée Trembowla, défendue par une faible garnison, était assiégée par les Turcs. Les soldats, sous le commandement de Chrzanowski, soutinrent vaillamment les attaques musulmanes, mais comme les murailles de la forteresse commençaient à s'ébranler et les provisions à s'épuiser, le commandant, après avoir assemblé un conseil de guerre composé d'officiers de la garnison, décida, de capituler. En apprenant cette honteuse determinalion, la femme de Chrzanowski, une Polonaise héroïque, entra dans la salle du conseil un poignard à la main et, s'approchant de son mari, déclara que s'il s'avisait de se rendre, elle l'en frapperait le premier et tournerait ensuite l'arme contre elle-même. L'héroïsme de cette femme produisit un tel effet sur le commandant et sur les autres membres du conseil qu'ils résolurent de poursuivre la défense, presque désespérée de la forteresse, Peu après, Jean Sobieski arriva avec son armée et délivra la place. C'est ainsi que, grâce au patriotisme et au courage d'une noble fille de Pologne, fut évité le déshonneur d'une capitulation.

Sobieski, ayant obtenu d'aussi bonnes conditions de paix que possible, revint à Cracovie où il fut couronné le 2 février 1675.

Le nouveau roi Jean III, remarquable non seulement par sa bravoure, mais par un véritable génie militaire, aurait sans doute sauvé la Pologne de son déclin si à ces qualités purement militaires il avait joint de la fermeté dans les affaires civiles et domestiques, au lieu de subir aveuglement l'ascendant de son épouse, une Française, Marie Casimire d'Arquien.

Cette personne ambitieuse, qui était la fille d'un simple gentilhomme français, ayant en vain demandé à Louis XIV le titre de princesse lorsqu'elle avait épousé, en secondes noces, le général Sobieski, résolut, celui-ci proclamé roi de Pologne, de se venger en l'induisant à prendre le parti de l'Autriche, qui, alors était en guerre ouverte avec la France. Le roi Sobieski l'écouta et agit suivant ses désirs. Ils conclut donc avec l'Autriche un traité d'alliance, qui n'apporta que des résultats désavantageux.

Par la morgue, les caprices et les maladresses de son orgueilleuse femme, le roi perdit graduellement la sympathie de la nation qui l'avait élu avec tant d'enthousiasme en reconnaissance de sa bravoure et de ses mérites personnels.

Dans la fameuse bataille que le roi Jean III livra à 300.000 Turcs, commandés par le grand vizir Kara Mustapha, pendant le siège de Vienne en 1683, il remporta une victoire éclatante. Ce fut un combat glorieux entre tous, dont le résultat fut la fuite des Musulmans, dans le plus grand désordre, et la délivrance de Vienne au moment où cette capitale allait tomber en leur pouvoir ; cette journée décisive affranchit définitivement la Chrétienté des invasions musulmanes et sauva des milliers de fidèles du joug ottoman.

Certains incidents de cette remarquable rencontre sont dignes d'être connus, car elle fut et sera à jamais mémorable dans les annales de l'univers.

Lorsque les Turcs, au nombre de 300.000, avec 400 canons, furent entrés en Autriche dans l'intention de renverser l'Empire romain germanique d'Occident, comme ils avaient renversé l'Empire romain grec d'Orient en 1453, ils commencèrent par assiéger Vienne. Cette résidence impériale, quoique fortifiée, n'était pas en état d'opposer une résistance prolongée, ne possédant qu'une garnison de 46.000 hommes. L'empereur Léopold Ier avait pris la fuite, laissant sa capitale dans un extrême péril, car une aussi faible armée ne pouvait tenir tête longtemps à des forces supérieures.

L'empereur, convaincu qu'aucun des grands Etats de l'Europe ne lui prêterait assistance pour délivrer la capitale assiégée, supplia le Pape d'intercéder en sa faveur auprès du roi de Pologne, espérant qu'à titre de voisin et de zélé chrétien il ne pourrait refuser de conduire ses vaillantes troupes au secours de l'Autriche et du christianisme si gravement menacés pas les infidèles.

À la suite de cette sollicitation le Pape dépêcha un nonce apostolique, nommé Pallavicini, lequel, en compagnie du Comte Wilczek, ambassadeur extraordinaire de l'empereur germanique, arriva à Cracovie un matin, au moment où le roi Sobieski se rendait à la messe. Tous deux se jetèrent à genoux devant lui et l'implorèrent de sauver Vienne, à quoi le nonce ajouta :

« Ainsi que toute la Chrétienté. »

Le roi, qui était un catholique fervent, et une âme chevaleresque, n'eut aucune hésitation, et, se mettant à la tête de 30.000 cavaliers polonais, commandés en sous-ordre par son fils Alexandre, il arriva le 16 août 1683 sous les murs de Kalemberg, localité située dans les collines qui domine la vallée du Danube, où s'étend la ville de Vienne.

La capitale de l'Empire était, déjà, dans une situation des plus alarmantes, car ses fortifications commençaient à souffrir des canonnades et des attaques furieuses qu'elles avaient eu à subir.

Le contingent des Etats germaniques, sous la conduite, du duc Charles de Lorraine, de l'électeur Georges, de Saxe et d'autres princes, ne comptait que 40.000 hommes et fut immédiatement placé sous le commandement en chef du roi de Pologne. Le 12 Septembre 1683 l'armée alliée, forte de 70.000 hommes, se mit en marche de Kalemberg vers Vienne. Le prince Alexandre Sobieski reçut du roi Jean, son père, l'ordre d'attaquer avec ses lanciers le quartier général du grand-vizir. Cette attaque fut si impétueuse et si habilement exécutée qu'elle jeta d'emblée la panique parmi les musulmans. Le roi, profitant de ce trouble, mit en ligne toutes ses troupes et les disposa si adroitement qu'elles purent attaquer de tous les côtés, avec une extrême vigueur, les assiégeants terrifiés. Le succès de cette manœuvre fut prodigieux. L'ennemi ne put y résister et se sauva avec tant de précipitation que, vers le soir, la ville était complètement dégagée et que les Turcs, dans leur fuite éperdue, avaient abandonné leur camp avec un immense butin en canons, en armes précieuses, en richesses de toutes sortes.

Le jour suivant, 13 Septembre, le roi de Pologne entra dans la capitale délivrée, à la tête de l'armée victorieuse et d'un brillant état-major de princes et de généraux. Ils y furent accueilli avec un enthousiasme, facile à comprendre, par cette population qu'ils venaient de sauver de la conquête et du carnage.

L'Empereur Léopold, à la nouvelle de la glorieuse victoire gagnée par le roi de Pologne et de la délivrance de sa capitale, revint de l'endroit où il s'était caché dès l'approche du danger, au lieu de le partager avec ses sujets ; mais quand il se trouva en présence de Sobieski, il ne put dissimuler, des le premier abord, sa jalousie, et son ingratitude.

Le roi Juan ne séjourna pas longtemps à Vienne. Il poursuivit les Turcs jusqu'en Hongrie, où il faillit périr dans un combat livré le 8 Octobre 1683. Heureusement, cette catastrophe fut évitée, et le lendemain 9 Octobre il prit sa revanche, en emportant une nouvelle victoire sur les Turcs, qu'il força finalement d'évacuer le pays.

Par ces deux victoires si célèbres dans l'histoire des guerres, le roi Sobieski n'affranchit pas seulement Vienne, mais sauva la Chrétienté entière du pouvoir turc, à commencer par la Hongrie, que les Musulmans avaient détenue pendant une longue période de temps et dont ils avaient occupé les meilleures forteresses.

Après ces brillants exploits, qui délivrèrent à jamais l'Europe des invasions de la Turquie, ne recevant en retour de ses services qu'une parfaite ingratitude, le roi de Pologne rentra à Cracovie le 23 Décembre 1685.

Deux ans plus tard, il entreprit une autre guerre contre les Turcs dans le but de conquérir les deux provinces danubiennes de Moldavie et de Valachie, vassales de Constantinople, afin de placer ses deux fils, Jacques et Alexandre, en qualité de hospodars sur les trônes de ces pays et de les éloigner ainsi de sa femme Marie-Casimire, qui ne s'entendait pas avec eux. Mais comme cette action ne fut engagée que dans l'intérêt personnel de la famille royale, la Diète ne voulut pas la seconder. Cette expédition fut, par suite, manquée et attira au roi Jean une impopularité qui ne fit que grandir, alors qu'il aurait pu se faire adorer jusqu'à la fin de ses jours, sans l'influence malfaisante de son insupportable épouse.

Le mécontentement général arriva avec le temps à un tel degré d'intensité que les nobles songèrent sérieusement à détrôner leur grand et vaillant souverain. Lui-même, excédé aurait abdiqué de son propre gré si sa compagne, assoiffée d'honneurs, ne l'avait forcé à garder la couronne. C'est ainsi que, dégoûté de la vie, il traîna ses vieux jours dans le chagrin, molesté incessamment par sa femme, qui ne lui accorda jamais un moment de repos.

Durant son règne, il bâtit, non loin de Varsovie, un château appelé Wilanow (ville nouvelle), magnifique résidence digne d'être visitée en raison des curiosités qu'elle contient et des arbres que le roi se plaisait à y planter et qui font jusqu'à présent l'ornement de ces jardins.

Il y mourut le 10 Juillet 1696.

Son règne de vingt-deux ans fut fameux par d'éclatants succès militaires mais n'apporta aucun profil durable à la Pologne.

Pareille à la reine Bona Sforza, femme de Sigismond Ier, la reine Marie-Casimire appauvrit le pays, par sa cupidité.

Immédiatement après la mort du roi, son fils Jacques, convaincu qu'il allait succéder à son père, s'empressa de se rendre au château royal de Varsovie et exigea de la garde le serment de fidélité, mais sa mère, qui le détestait, et qui enrageait de se voir refuser l'entrée de la résidence royale, réussit, par ses intrigues auprès de la noblesse, à faire proclamer un nouvel interrègne.

Il ne manqua pas de candidats à la couronne de Pologne. Bien que moins nombreux qu'à l'élection précédente, il y en eut pourtant six : les princes Jacques Sobieski, de Bourbon-Conti, Frédéric Auguste, électeur de Saxe, Léopold de Lorraine, Louis de Bade et Odeschalchi, neveu du Pape Innocent XI.

Parmi les nobles, deux partis principaux s'étaient formés, dont l'un préférait le prince de Bourbon-Conti et l'autre l'électeur de Saxe, Frédéric Auguste II. Comme, celui-ci voisinait avec la Pologne, il fut le premier à y arriver et à accepter par serment les *pacta conventa*, après quoi il fut couronné à Cracovie le 15 Septembre 1696.

Pendant que l'électeur Frédéric Auguste de Saxe amenait la Pologne à le reconnaître roi, le prince français de Bourbon-Conti, désigné par une partie de la Diète, arrivait par mer à Dantzig, où ses partisans l'attendaient, mais comme il n'était pas appuyé par la France et que l'électeur de Saxe avait déjà pris le sceptre, il retira sa candidature et reprit, par où il était venu, le chemin de France.

Le nouveau roi Auguste II [3] était estimé dans toute l'Europe pour sa vaillance et sa loyauté, et, ayant gouverné avec sagesse son propre électorat de Saxe, il donnait tout lieu d'espérer qu'il saurait dégager son nouveau royaume

---

3.) Auguste II, en comptant comme Auguste Ier le roi Sigismond II Auguste (1518-1572).

des conditions déplorables dans lesquelles il se débattait depuis un siècle.

Le commencement de son règne fut prospère. Les relations avec l'Empire germanique étaient amicales. Les riches salines de Wieliczka, que l'Autriche avait obtenues en garantie d'une dette d'argent contractée par la Pologne furent restituées. La paix de Carlovitz ayant été conclue entre le Turquie et l'Autriche, la première de ces puissances abandonna à la Pologne la forteresse de Kamieniec et une portion de la province de Podolie.

Auguste II, ayant réussi dans ces deux entreprises, pensa reconquérir aussi facilement la Livonie, occupée par la Suède, sur laquelle régnait alors le jeune roi Charles XII.

A cet effet, il contracta une alliance avec le czar de Moscou et le roi de Danemark et déclara la guerre au monarque suédois, mais mal lui en prit, car le jeune Charles XII, avec l'impétuosité qui le caractérisait, remporta une première victoire sur les Danois et une autre sur les Moscovites. Ces défaites ayant forcé les Saxons à se retirer, il entra en Lithuanie en 1701. Comme le roi Auguste n'avait commencé cette campagne qu'avec ses troupes saxonnes, escomptant la coopération des Moscovites et des Danois, les Polonais n'offrirent aucune résistance à la Suède, et Charles XII prit aisément possession non seulement de toute la Lithuanie, mais encore d'une grande partie de la Pologne ; jusqu'à Varsovie, sa capitale. Après un court repos, il poursuivit l'armée d'Auguste et pénétra jusqu'au cœur de la Saxe pour lui imposer la renonciation au trône de Pologne.

Auguste, hors d'état de poursuivre la lutte, fut obligé de subir toutes ces conditions, pour conserver du moins son Électorat de Saxe.

Charles XII, à la suite de ces succès, se voyant maître absolu de la situation, imposa à la Diète nationale l'élection au trône polonais de Stanislas Leszczinski, gentilhomme aimable et lettré, qui avait été voïvode de la province de Posnanie, et ce candidat du roi de Suède fut couronné à Varsovie en 1705.

Comme un grand nombre de Polonais n'avaient de sympathie ni pour les Saxons, ni pour leur électeur, ils furent satisfaits quand le primat de Gniezno leur annonça qu'Auguste II avait cessé de régner en Pologne et qu'il avait même écrit une lettre de congratulation au roi nouvellement élu, Stanislas Leszczinski.

Le jeune roi Charles XII, confiant en sa valeur militaire et fier de ses récents succès, s'engagea dans une guerre avec la Moscovie, où régnait alors Pierre, fils d'Alexis. Ce czar mérita, par son génie, le surnom de 'Grand' que l'histoire lui a accordé. Profitant des enseignements que lui donnèrent les premiers revers de ses troupes et doué d'autant de persévérance que de talents, il organisa en peu de temps son armée de façon qu'elle pût non seulement résister à ses ennemis, mais encore les attaquer et les mettre en déroute.

Aussi, lorsque Charles XII revint à la charge, sans se douter de la force redoutable acquise dans l'intervalle par son adversaire, et qu'il attaqua, avec son impétuosité habituelle, l'armée du czar Pierre fortement établie dans une position imprenable, à Poltava, il s'ensuivit que le roi de Suède subit une défaite complète, qui le força à chercher refuge en Turquie avec une faible escorte.

Après cette malheureuse campagne de Charles XII, protecteur du roi Stanislas. Leszczinski, élu sous la menace des baïonnettes suédoises, l'électeur Frédéric-Auguste, retirant sa précédente abdication, rentra en Pologne avec l'aide de ses alliés les Moscovites, détrôna Leszczinski et, à une Diète convoquée en 1717, se fit de nouveau reconnaître roi de Pologne.

Cette Diète, connue sous le nom de Diète muette, n'eut qu'une très courte session pendant laquelle aucun débat ne fut soulevé ; on y donna simplement lecture d'un accommodement conclu entre les Polonais, qui demandaient le rappel des troupes saxonnes, et l'électeur de Saxe, qui sollicitait d'être réintégré sur le trône.

Les troupes Moscovites venues pour appuyer Auguste II quittèrent la Pologne en 1710, les Saxons l'année suivante, la paix avec la Suède fut signée en 1723, et la Diète 'muette' mit ainsi fin à cette série de guerres et de bouleversements. Durant les derniers soixante-dix ans, la Pologne avait souffert, sans un moment de répit ni de paix, de conflits armés avec ses voisins. Jusqu'à l'avènement de Pierre-le-Grand, les Moscovites n'avaient cessé d'avoir le dessous, mais depuis ce souverain ils commencèrent à s'enhardir et à se mêler sans-cesse davantage des affaires de la Pologne en influençant, par des agissements intéressés, les Diètes qui se succédaient de plus en plus fréquemment. C'est ainsi qu'à celle qui suivit de près la 'Diète muette' les émissaires Moscovites réussirent à persuader aux députés que la Pologne étant ruinée par les guerres, il serait de bonne politique de ne garder qu'un nombre insignifiant de soldats, et même de suspendre, par économie la solde de ceux qu'il faudrait maintenir. Les députés, avec leur manque habituel de sagacité et de prévoyance, décidèrent qu'il suffirait de 26.000 soldats pour la Pologne entière ; tandis qu'à la même époque, les Moscovites augmentaient considérablement leur armée. Ainsi l'influence russe, distançant l'influence autrichienne, devenait prédominante dans les affaires polonaises.

Auguste II était doué d'une force musculaire étonnante et d'une prodigieuse faculté de boire. L'exemple qu'il donna à ce dernier point de vue ne fut imité qu'avec trop de conviction par ses sujets polonais, si bien qu'on prit coutume de dire : « Quand Auguste boit, toute la Pologne est ivre » ce qui n'était que trop vrai[4], car les nobles, à l'instar de leur roi, passaient le plus clair de leurs loisirs, durant ce règne dissolvant, en excès de table et en débauches. Les classes inférieures furent rapidement gagnées par ces habitudes d'intempérance, et la chute du pays en fut précipitée. Dans ces affligeantes, conditions, s'écoulèrent les dernières années du règne d'Auguste II. Proclamé en 1696 roi de Pologne, détrôné par Charles XII en 1705, remonté sur le trône en 1717, il mourut à Dresde en 1733.

Pendant l'interrègne qui suivit sa mort, les Polonais se déterminèrent à choisir leur souverain futur dans leur propre nation. Les patriotes se tournèrent vers Stanislas Leszczinski, le prince, ami des Suédois, évincé par les Saxons et les Moscovites après la défaite de Charles XII. Le mariage de Louis XV, roi de France, avec Marie-Louise, fille de Leszczinski, donna à penser que le roi de France prêterait main forte à son beau-père, si l'occasion s'en présentait. Stanislas fut donc acclamé à nouveau roi de Pologne le 12 Septembre 1733.

Par malheur, le temps était passé où les Polonais étaient pleinement maîtres chez eux et imposaient même leur volonté dans les Etats voisins.

La réélection de Stanislas Leszczinski déplut aux cabinets de Vienne et de St-Pétersbourg, qui redoutaient une alliance intime de la Pologne avec la France, et pour y mettre obstacle des troupes moscovites et autrichiennes entrèrent en Pologne, obligeant la Diète à proclamer roi l'électeur de Saxe Frédéric-Auguste, successeur d'Auguste-le-fort. Ce prince marcha sur Varsovie avec une diligence telle qu'il devança l'arrivée de Leszczinski.

4.) Lenculus, ce noble buveur, disait : *« Le polac toujou sou, bocou sou »*. À prendre dans le sens littéral et figuré.

Stanislas dut s'arrêter à Dantzig, où il fut immobilisé par les Moscovites et forcé de se déguiser en marchand pour ne pas tomber entre les mains des émissaires de son rival saxon.

Détrôné pour la seconde fois, Stanislas Leszczinski n'eut plus que la ressource de se réfugier auprès de son gendre, le roi de France. Celui-ci lui fit obtenir en 1737, à titre de compensation, le duché de Lorraine, cédé par son duc François, qui devint empereur par son mariage avec Marie-Thérèse d'Autriche. A Nancy, jusqu'à sa mort, survenue en 1766, le bon roi Stanislas gouverna ses nouveaux Etats avec une sagesse exemplaire, dotant le pays d'institutions utiles et sa capitale d'embellissements remarquables. Aussi fut-il universellement regretté, et par ses sujets lorrains, et par les patriotes polonais.

Chap. Quatorzième

1783~1795

Pendant le règne d'Auguste III, électeur de Saxe, qui se maintint sur le trône durant trente ans grâce à l'appui des baïonnettes Moscovites, il n'y eut à la vérité point de guerres entre la Pologne et des voisins, mais le pays n'en souffrit pas moins des continuelles marches et contremarches des troupes moscovites, autrichiennes, et prussiennes qui le traversaient à leur gré et l'appauvrissaient par d'incessantes inquisitions.

À court d'argent, son trésor ayant été épuisé par les dépenses militaires, le roi de Prusse Frédéric II, que l'histoire à surnommé 'le Grand', laissa frapper et introduire en Pologne une grande quantité de monnaie altérée, ce qui causa de forts dommages dans les échanges commerciaux et dans les transactions financières.

Auguste III résidait presque constamment à Dresde, sa capitale saxonne, laissant gouverner la Pologne à son ministre favori Brühl, qui, très prodigue et toujours à court d'argent, trafiquait des emplois publics, introduisant ainsi des malversations dans l'administration du pays.

À l'époque de la guerre « de sept ans », quand la Saxe fut en conflit avec de nombreux ennemis, Auguste III se retira à Varsovie, mais au lieu de s'appliquer à améliorer l'état de la Pologne, il passa son temps en chasses et festins, et les nobles suivaient l'exemple de la cour. Certains grands seigneurs, parmi lesquels se trouvaient les deux princes Czartoryski, qui avaient beaucoup voyagé et résidé quelque temps à la cour de Stanislas Leszczynski l'excellent régent du duché de Lorraine, avaient rapporté de leurs séjours à l'étranger la conviction que l'état de choses anarchique où se débattait la Pologne, par suite des privilèges excessifs usurpés par la noblesse, ne pouvait trouver remède que dans l'institution d'une monarchie absolue sur le modèle de celle de France, où le roi était alors seul maître du royaume. Sachant combien peu d'espoir il y avait d'obtenir l'assentiment de la Diète à tel changement, puisque cette assemblée de nobles ne transigerait jamais volontairement sur leurs privilèges, ces grands seigneurs cherchèrent l'appui de la Cour de St-Pétersbourg en vue des réformes qu'ils méditaient. Ce fut une faute désastreuse. Dans leur désir de sauver le pays, ils y provoquèrent la main-mise de son plus redoutable voisin qui, depuis longtemps avait projeté la conquête de la Pologne.

Après la mort d'Auguste III, électeur de Saxe et roi de Pologne, qui survint à Dresde en 1763, les princes Czartoryski dépêchèrent en ambassade, auprès de la czarine Catherine II, le jeune et brillant Stanislas Auguste Poniatowski. Suivant le plan soumis à l'impératrice, un des princes Czartoryski devait être fait roi de Pologne, en vue d'abolir la toute puissance de la noblesse et d'instituer une monarchie héréditaire et absolue, avec le concours des troupes Moscovites, qui, par leur présence en Pologne devaient faciliter au prince l'accomplissement des réformes projetées dans la constitution du pays.

L'ambassadeur Poniatowski était un très bel homme, dans tout l'attrait de ses trente ans. L'impératrice Catherine II, princesse d'origine allemande, avait une nature. Passionnée et changeait fréquemment de favoris.

Le jeune ambassadeur obtint facilement ses bonnes grâces et il en résulta cette conséquence imprévue que la tzarine, au lieu d'appuyer la candidature du prince Czartoryski, fit proclamer roi de Pologne, en 1764, son nouveau favori, Stanislas Auguste Poniatowski.

Stanislas II Auguste n'était pas seulement doté d'agréments physiques, mais possédait un esprit des plus cultivés. Aussi s'intéressa-t-il aux établissements d'enseignement. Dès les débuts de son règne, il institua une école militaire où 200 cadets étaient initiés à l'art de la guerre, instruction qui autrefois ne pouvait être acquise qu'à l'étranger.

Il fonda aussi une Monnaie, où le cuivre, l'argent et l'or obtenaient un juste alliage, afin de remédier au préjudice causé par la fausse monnaie d'origine prussienne répandue en Pologne sous le règne précédent. Il protégea les études, encouragea les savants et s'efforça de faire revivre la pureté de la langue polonaise, laquelle, depuis le règne de Sigismond III, s'était passablement altérée par l'introduction de nombreuses expressions étrangères. Ce galimatias fut enrayé grâce aux soins érudits du moine Konarski.

Assurément, Stanislas Auguste aurait pu servir utilement la Pologne s'il avait possédé plus d'énergie et de confiance en sa nation, au milieu de laquelle se trouvaient d'excellents patriotes disposés à n'importe quel sacrifice pour empêcher la ruine du pays, et surtout s'il n'avait pas été dévoué corps et âme à, l'ambitieuse czarine Catherine II, à laquelle il devait la couronne et dont il exécutait aveuglement les injonctions secrètes. Déjà la Diète convoquée pour son couronnement avait commencé à comprendre qu'une extension excessive des privilèges de la noblesse conduisait le royaume à sa perte et elle avait voté des lois attribuant au roi et au Sénat de plus grands pouvoirs que ceux accordés depuis plus d'un siècle aux rois électifs précédents.

Mais les cours de Berlin et de St-Pétersbourg, entrées secrètement en accord, pour s'approprier quelques-unes des provinces polonaises, prirent ombrage des bons effets qui auraient pu résulter de la mise en vigueur des nouvelles résolutions de la Diète. En conséquence, elles y envoyèrent des agents pour exciter les conservateurs à s'opposer à toute restriction des privilèges de la noblesse. En même temps, ces cours incitèrent les libéraux à réclamer l'admission des protestants et des membres de l'Église orthodoxe grecque aux assemblées délibérantes et aux charges publiques, sachant que cette question éveillerait d'énergiques protestations de la part des conservateurs et aggraverait les discussions intestines.

Le roi Stanislas Auguste n'osa point s'opposer aux désirs de sa protectrice Catherine II et laissa une forte garnison Moscovite résider dans sa capitale, guidé en toutes choses par Repnin, l'ambassadeur de la tzarine Certains grands seigneurs patriotes, parmi lesquels les plus considérés étaient l'évêque Soltyk et les généraux Zaluski et Rzewuski, protestèrent énergiquement contre l'influence que l'ambassadeur Repnin ne cessait d'exercer dans toutes les questions importantes du royaume de Pologne.

À la suite de cette protestation, formulée au Sénat, un événement inouï eut lieu, qui ne pouvait d'ailleurs se produire que dans un pays déjà incliné au bord du précipice. L'ambassadeur Repnin, qui avait à ses ordres les troupes Moscovites stationnées à Varsovie, ainsi qu'un fort contingent de cosaques, fit saisir par ses cosaques ces trois grands seigneurs patriotes et les fit déporter sur-le-champ en Sibérie.

A la nouvelle de cet acte de violence de l'ambassadeur Moscovite, différentes conjurations se formèrent dans diverses parties de la Pologne afin de provoquer une levée en masse des patriotes pour l'expulsion de la garnison Moscovite.

La plus importante de ces conjurations fut organisée en 1778 par Casimir Pulaski, gentilhomme de Podolie, avec le concours de l'évêque de Kamieniec, Krasinski, qui envoya aux souverains d'Europe des messages les informant du péril où était l'indépendance de la Pologne et implorant leur intervention.

Par les soins de Pulaski et de Mgr Krasinski tous les patriotes Polonais furent convoqués à Bar, petite ville de Podolie. Il y vint des conjurés de toutes les provinces de la Pologne, de la Lithuanie, de la Russie Rouge et de la petite Russie. Ce colloque est connu dans l'histoire sous le nom de Confédération de Bar.

Le premier acte des conjurés fut de proclamer la déposition du roi Stanislas Auguste, qualifié d'esclave de la czarine de Moscovie.

Quelques-uns des conjurés, sans aller jusqu'à attenter à la vie du roi, car dans toute l'histoire de Pologne il n'y eut pas un seul exemple de régicide, projetèrent de l'enlever, afin que son aveugle soumission aux ordres moscovites ne puisse désormais paralyser le patriotisme national.

Ces conjurés réussirent à s'emparer de Stanislas Auguste et à traverser avec lui les lignes des troupes moscovites que l'ambassadeur de la czarine avait appelées autour de Varsovie, mais s'étant engagés dans une forêt épaisse, ils s'y égarèrent, fort heureusement pour le roi, qui parvint à s'échapper, blessé, et atteignit un moulin ; le meunier, l'ayant reconnu, le ramena à sa résidence.

L'insuccès de cet enlèvement fit tant de tort à la Confédération de Bar que, malgré plusieurs succès remportés sur les Moscovites, elle ne put lutter plus longtemps avec des troupes cinq fois plus nombreuses que celles des confédérés, qui, finalement furent forcés de se disperser.

Quelques centaines de conspirateurs, des plus acharnés, trouvèrent refuge en Roumanie et en Turquie. Leur chef, Casimir Pulaski, après la mort de son père et de ses frères, tués dans différents combats, se retira avec un petit nombre de survivants confédérés dans le couvent fortifié de Częstochowa, mais voyant qu'à la longue il lui serait impossible de résister aux troupes moscovites répandues à travers la Pologne, il émigra en Amérique où, en compagnie de Kosciuszko, il se battit, sous les ordres de Washington, pour l'indépendance des Etats-Unis et trouva une mort glorieuse dans les Savanes.

La czarine Catherine II, profitant des troubles causés par la confédération de Bar, incita le clergé des provinces de la Pologne (Volhynie, Podolie, Ukraine) dont la population rurale professait l'orthodoxie grecque, à prêcher le soulèvement des paysans contre les propriétaires polonais du pays, qui, eux, étaient tous catholiques romains.

Les popes orthodoxes reçurent de St-Pétersbourg des subsides pour l'achat d'armes à feu et d'armes blanches qu'ils livrèrent, après les avoir bénies, aux paysans, excités par d'amples distributions d'eau-de-vie, puis, par des allocutions enflammées, ils poussèrent ce peuple inconscient à l'assaut des demeures catholiques.

Durant trois mois ces paysans grossiers, fanatiques et ivres ne cessèrent, aidés de Cosaques, de porter l'incendie, le pillage et le massacre chez les catholiques, n'épargnant ni vieillards, ni femmes, ni enfants. Dans la petite ville de Human, qui avait été fortifiée, et dans laquelle avaient cherché refuge plus de 20.000 catholiques, pour la plupart acquis à la Confédération de Bar, ils mirent à mort en une journée ces 20.000 malheureuses victimes, sans souci d'âge ni de sexe.

Le roi Stanislas Auguste et ses alliés les Moscovites assistaient passivement et non sans une secrète satisfaction à cette effroyable boucherie, commise en plein dix-huitième siècle ; car ils regardaient la Confédération de Bar comme leur adversaire le plus dangereux, et pensaient qu'après la disparition d'une telle quantité de ses affiliés cette conjuration ne pourrait plus revivre.

Quand, après trois mois de cette jacquerie, l'opinion publique de toute l'Europe se révolta contre de telles atrocités, le roi de Pologne finit par se décider à envoyer quelques troupes polonaises et moscovites pour disperser les égorgeurs. Les principaux chefs de ces bandes sanguinaires, Gouta, Zieleniak et d'autres furent suppliciés, mais le clergé orthodoxe demeura impuni.

L'histoire a marqué d'opprobre le massacre des protestants par les catholiques français dans la nuit de la Saint-Barthélemy (24 août 1572), elle devrait de même flétrir le carnage d'Human, accompli sur l'instigation des agents secrets de la czarine Catherine II qui, avec le concours des popote orthodoxes, avait ameuté une population ignorante contre la noblesse polonaise de cette région.

Entre temps et à la faveur de l'anarchie générale, se précisait une entente entre la czarine Catherine II, le roi Frédéric II de Prusse et l'impératrice Marie-Thérèse d'Autriche, en vue d'un premier partage de la Pologne.

Le roi Stanislas Auguste, obéissant en toutes choses aux ordres de la czarine, convoqua une Diète en 1772, et cette assemblée, environnée de baïonnettes moscovites, accepta que les troupes de ces trois puissances prissent possession des provinces les plus troublées.

La czarine se saisit des forteresses de Polack, Vitebsk, et des provinces s'étendant le long des fleuves Dnieper et Dzvina.

L'Autriche prit la Russie Rouge et une partie de la province de Podolie.

La Prusse reçut une part de la Grande Pologne, jusqu'à la rivière de Notec, ainsi que toute la Prusse orientale, à l'exception de Thorn et du port de Dantzig, qui furent encore laissés en dehors du partage.

Bien que privée par cette cruelle amputation des deux cinquièmes de ses possessions, la Pologne gardait encore une étendue de territoire suffisante pour faire figure parmi les autres puissances de l'Europe. La noblesse polonaise dont l'imprévoyance et le défaut d'entente avaient préparé cette catastrophe, commença à se rendre compte des fautes commises et à mettre de l'ordre dans les affaires intérieures. Pendant quelques années, la Pologne jouit ainsi d'une prospérité relative, donnant à la nation l'espoir de jours meilleurs.

La Diète convoquée à Varsovie en 1788 dura quatre ans et suivit l'impulsion d'une phalange d'hommes éclairés et sincèrement patriotes, qui lui firent adopter des lois salutaires, décrétant l'abolition de ce privilège absurde du « *Liberum Veto* » qui faisait dépendre tout le succès d'une assemblée nationale de la fantaisie d'un seul homme peut-être inconscient, ivre ou secrètement acheté.

Cette Diète vota une constitution fondée sur l'établissement d'un trône héréditaire, et elle désigna pour successeur du roi régnant le petit-fils du défunt roi Auguste III. Elle décida la création d'une armée permanente, arrêtant des dispositions pour assurer aux troupes royales une solde régulière ; elle proclama enfin l'égalité de tous les citoyens polonais, sans distinction de religion, devant la loi et au point de vue de l'accession aux fonctions publiques.

Cette constitution libérale fut publiée le 3 Mai 1792 — date à jamais mémorable dans les tristes annales de la Pologne.

Les réformes qu'elle apportait remplirent de joie et d'espoir tous les patriotes. Dans le pays entier, l'allégresse fut générale, mais hélas ces réjouissances eurent un cruel lendemain. Certains grands seigneurs polonais se prirent à redouter que la constitution n'amenât en Pologne les excès révolutionnaires que les généreuses réformes de 1789 avaient enfantées en France.

Aussi, par crainte de perdre leur situation prépondérante et leurs richesses, conspirèrent-ils contre les lois nouvelles et causèrent-ils la ruine définitive de leur patrie.

Ces insensés, mettant leur intérêt personnel au-dessus de celui de la Patrie, allèrent se jeter aux pieds de la czarine Catherine II, la supplièrent de rendre impuissante la constitution fraîchement proclamée, qu'ils représentèrent comme une œuvre révolutionnaire et jacobine. La czarine, ne demandant qu'à continuer d'intervenir dans les affaires de la Pologne dont elle convoitait la conquête finale, envoya 100.000 soldats pour prêter main-forte aux protestataires lesquels avaient déjà organisé entre eux une confédération, connue sous le nom de Targowica, qui se réclamait des principes traditionnels de la Pologne et obtint même l'adhésion du faible roi Stanislas Auguste. Les troupes constitutionnelles, que la Diète n'avait pas encore eu le temps d'organiser, n'étaient pas on force pour pouvoir tenir tête aux armées Moscovites. La confédération de Targowica triompha donc et la constitution du 3 mai 1792 fut annulée.

Ainsi se trouva réduite à néant l'œuvre de rénovation nationale entreprise par la Diète. Quant à la tzarine, pour se payer de l'appui donné à la confédération de Targowica, elle invita ses deux voisines, la Prusse et l'Autriche, à effectuer un second démembrement de la Pologne. Après ce deuxième partage, sanctionné comme le précédent par le pitoyable roi Stanislas Auguste, le royaume se trouva réduit à la cinquième partie de la superficie de l'ancienne Pologne.

Les patriotes de tout le pays se levèrent alors en masse pour reprendre contre les Moscovites, la Prusse et l'Autriche, les provinces arrachées à la mère patrie.

A la tête des insurgés qui affluaient de toutes parts, se plaça le vaillant général Thadée Kosciuszko. Il avait donné des preuves de ses talents militaires et de sa bravoure en combattant aux côtés de Washington, dans la guerre pour l'indépendance des Etats-Unis.

À l'appel de sa patrie en danger, Kosciuszko accourut en toute hâte à Cracovie, organisa une levée générale et remporta au début quelques brillantes victoires, aussi bien sur les Moscovites que sur leurs deux autres alliés. Mais la partie était par trop inégale. Après deux années de luttes incessantes, couronnées parfois de succès, suivies plus souvent de revers, les Polonais durent plier sous la pesée des trois formidables puissances. A la bataille de Maciejowice, l'armée de Kosciuszko fut écrasée après une lutte héroïque dans laquelle lui-même, blessé, tomba aux mains de l'ennemi.

Ce fut la suprême défaite de la cause de l'indépendance polonaise. Les trois monarchies, qui deux fois déjà avaient démembré la Pologne, en 1772 et en 1792, firent un troisième partage des restes de ce pays en 1795.

La czarine enjoignit à Stanislas Auguste d'abdiquer et de se retirer à la cour de Saint-Pétersbourg, le privant, après trente ans de règne, d'un trône sur lequel elle-même l'avait placé. Stanislas n'eut même pas l'amour-propre de refuser cette situation humiliante de pensionné de la czarine. Il termina en 1798 sa pitoyable existence de roi détrôné et asservi.

LA POLOGNE

Ainsi finit l'histoire du Royaume de Pologne, lequel pendant huit siècles (962-1772) a joué un rôle important parmi les principales puissances d'Europe, où les sciences, la littérature, la poésie et les beaux-arts fleurirent à un degré remarquable, qui plus d'une fois sauva la chrétienneté de l'invasion musulmane, et qui, par sa position géographique et la valeur de ses habitants, était devenu une barrière et un rempart pour la civilisation occidentale contre la barbarie du Levant.

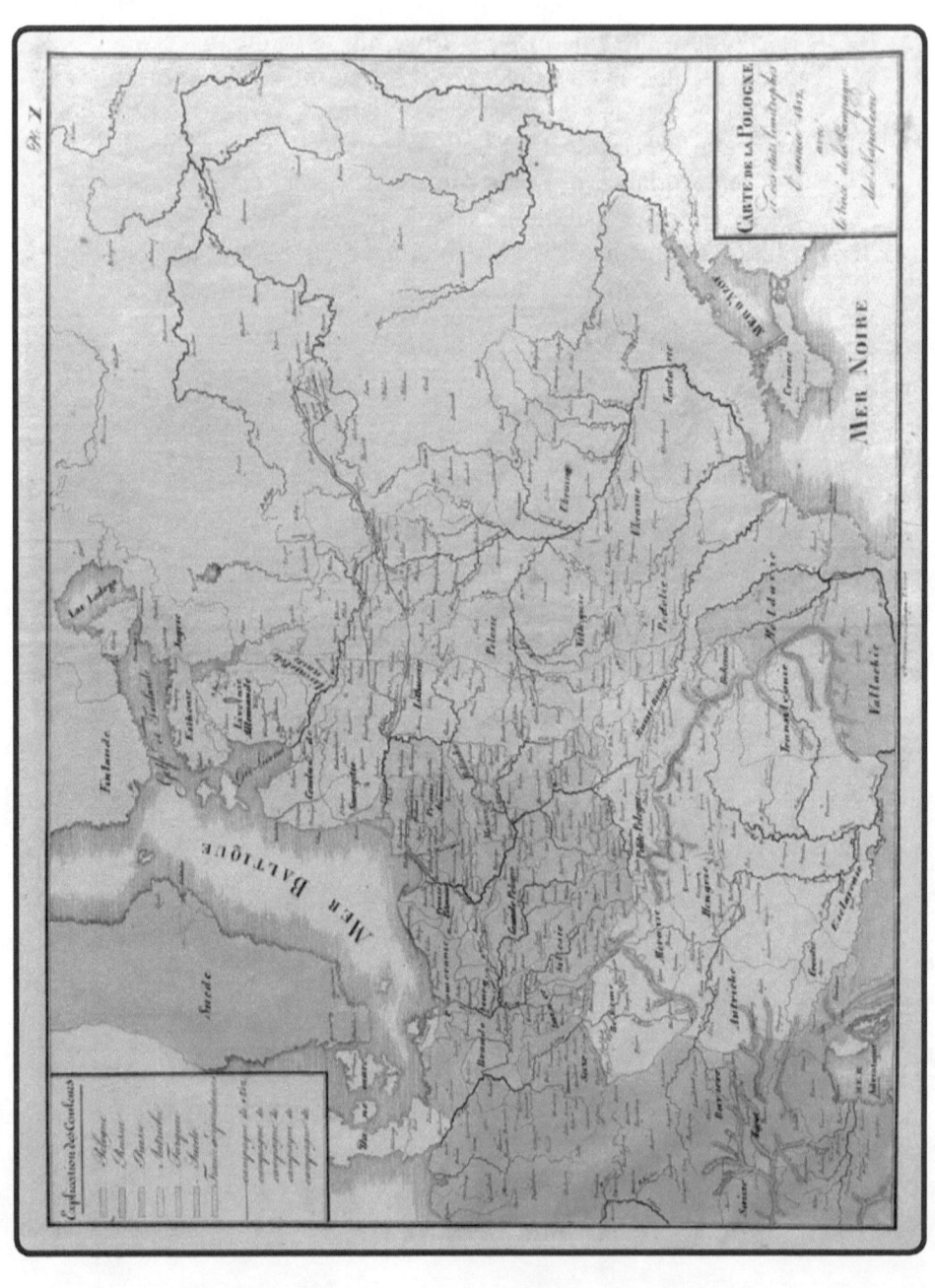

Chap. Quinzième et dernier

Coup d'œil rétrospectif sur la quatrième époque de l'histoire de Pologne, savoir celle de son déclin.

Les Polonais étaient sans contredit une race remarquable, prospère et énergique, mais trop confiante en elle-même. Leur royaume, favorisé par sa position géographique, et en partie par un sol productif, s'épanouit dans le bien-être. Il avait une population toujours croissante, une main-d'œuvre suffisante pour bâtir des villes et des villages, éclaircir les forêts et semer d'énormes quantités de céréales.

Pendant, que dans d'autres pays le sang coulait à flots en raison de différends religieux, la Pologne jouissait d'une tranquillité exceptionnelle sous ce rapport et offrait aux persécutés un asile hospitalier.

Sigismond III Vasa

Atelier de
Pierre Paul Rubens,
Nationalmuseum.

Le règne d'Etienne Bathory (1573-1586) fut glorieux et favorable aux intérêts du pays. Ce sage roi, prévoyant que le développement excessif des privilèges, de la noblesse serait une source de calamités à l'avenir, résolut de restreindre les pouvoirs des nobles et d'arrêter la licence qui en résultait. Malheureusement, il mourut avant d'avoir été à même d'accomplir ses projets, et sous ses successeurs toutes sortes d'infortunes accablèrent la nation. L'intolérance religieuse du temps de Sigismond III Vasa causa la révolte des Cosaques, ainsi que celle des populations professant l'orthodoxie grecque qui habitaient les trois plus fertiles provinces du midi, celles situées vers les bords de la mer Noire, d'une si haute importance pour la Pologne.

L'incroyable folie des législateurs, permettant à un seul délégué d'annihiler l'œuvre de toute une Diète par l'opposition du « *Liberum Veto* » empêcha les réformes qui pouvaient devenir un bienfait pour le pays.

Le règne entier de Jean II Casimir, second fils de Sigismond III, fut désastreux. L'héroïque Jean III Sobieski, qui, par sa célèbre victoire sous les murs de Vienne, sauva la chrétienté du joug osmanli, se trouva paralysé, dans son gouvernement intérieur, par l'action malfaisante de son épouse Marie Casimire d'Arquien.

L'époque des deux électeurs de Saxe, Auguste II et Auguste III, en poussant à son comble le luxe et la frivolité dans les mœurs de la noblesse, ainsi que l'intempérance et la soif des plaisirs, précipita la ruine imminente du pays. Enfin, les causes définitives qui amenèrent la chute de la Pologne furent :

- 1° la faiblesse de Stanislas II Auguste, le dernier roi électif, élevé au trône par sa protectrice, la czarine Catherine II ;
- 2° le spectre de la Révolution française qui projeta son ombre menaçante sur l'Europe à la fin du XVIII$^\text{E}$ siècle ;
- 3° la trahison de trois grands seigneurs polonais, ourdie pour sauvegarder leurs biens et leur puissance personnelle.

Ces circonstances concordèrent à hâter la catastrophe finale, dont les signes précurseurs avaient déjà paru deux siècles plus tôt.

Puis ils ont vu un spectacle inhabituel que Lech et les anciens de la tribu ont interprété comme un bon présage.

EPILOGUE

**Depuis le troisième partage
de
la Pologne jusqu'à nos jours.**

En 1795, le royaume de Pologne avait cessé d'exister.

Les trois monarchies voisines, l'Empire russe, l'Empire d'Autriche et le royaume de Prusse, s'étaient réparti ce pays. Les autres puissances européennes ne protestèrent point contre cette spoliation, et c'est ainsi qu'en tant que royaume distinct et puissance politique autonome, la Pologne fut effacée de la carte de l'Europe.

Cependant, en dépit de ces infortunes, en dépit de la Sibérie, où les Polonais furent exilés en foule, en dépit des forteresses prussiennes et autrichiennes, la nationalité polonaise n'a jamais péri.

Un nombre considérable de survivants de la lutte suprême pour l'indépendance de la Pologne réussit à s'échapper hors du rayon des persécutions des nouveaux maîtres du pays et chercha refuge en Italie, en France et en Turquie, où la présence de ces patriotes fut une protestation vivante contre le démembrement de leur malheureuse patrie.

Les guerres que la République française eut à soutenir, à cette époque, contre les forces coalisées de toute l'Europe amenèrent de nombreux Polonais à entrer dans les rangs français avec l'espoir de reconquérir un jour, à l'aide de la France, leur liberté perdue et leur patrie si profondément aimée. Plusieurs généraux polonais possédant de brillantes qualités militaires, notamment le prince Joseph Poniatowski, neveu du dernier roi de Pologne, Kniaziewicz, Chlopicki, Dombrowski, et beaucoup d'autres officiers et soldats, offrirent leurs services à la France.

Avec ces débris de la nation polonaise, des « Légions » furent formées en Italie, s'augmentant promptement de bien d'autres Polonais accourus de leurs foyers désolés pour prendre part à ces batailles où la liberté faisait face au despotisme.

A la tête de ces légions polonaises était le général Dombrowski. Un chant patriotique composé à cette date se termine par le couplet suivant :

« *Marche, marche Dombrowski,*
« *De la terre d'Italie vers celle de Pologne !*

Ce chant a survécu aux espérances qu'il exprime et fait battre d'enthousiasme le cœur de chaque Polonais, comme « *la Marseillaise* » celui de tout Français.

Pendant vingt ans, les légions polonaises et leurs chefs combattirent pour la France dans toutes les guerres qu'elle soutint en Europe, en Égypte et même par-delà l'Atlantique, à St-Domingue.

La République française se transforma en Empire sous Napoléon Ier, ce prodigieux conquérant qui parvint, de victoire en victoire, à imposer ses volontés à tout le continent européen, la Grande-Bretagne exceptée. Les Polonais se portèrent avec enthousiasme vers Napoléon, qui, alors tout puissant, pouvait, en retour de leurs services, relever la Pologne et reconstruire cette puissance jadis si redoutable.

Mais Napoléon n'obéissait dans ses actes qu'à un seul mobile : l'ambition. Élevé du rang d'officier subalterne jusqu'au trône de France, en vrai parvenu il oublia son origine, aspira à fraterniser avec les monarques de l'univers et abandonna les peuples. Cette ambition insatiable, à laquelle il sacrifia toutes choses, ainsi qu'il finit par le confesser dans son exil final de Ste-Hélène, devint la cause de sa ruine, car, s'il avait rétabli la Pologne dans les limites d'avant son premier partage, il aurait érigé, du côté de l'Empire russe, un boulevard qui aurait empêché cette puissance de se coaliser de nouveau avec la Prusse, l'Autriche et l'Angleterre, comme elle le fit après la désastreuse campagne de Russie de 1812. Il est vrai qu'après avoir triomphé des armées coalisées en 1805, 1806, 1807 et 1809, il reprit à la Prusse et à l'Autriche une portion de l'ancien territoire polonais et en forma un grand-duché de Varsovie qu'il confia à son allié, le roi de Saxe, y introduisant une administration calquée sur celle de la France, avec application du « *Code Napoléon* ». Mais comme il avait fraternisé à Tilsit avec le czar Alexandre Ier de Russie, il s'abstint de lui enlever les provinces polonaises dont les Moscovites étaient devenus maîtres. On connaît les suites de cette faute. Le czar ne lui sut aucun gré de ces ménagements et fit bientôt cause commune avec l'intraitable ennemie de Napoléon l'Angleterre. La campagne de Russie, entreprise dans des conditions contraires aux conseils des Polonais et non appuyée par l'existence d'une Pologne puissante, échoua misérablement, après quoi les Moscovites s'unirent aux Prussiens et aux Autrichiens pour abattre la puissance Napoléonienne.

Le Prince J. Poniatowski, général en chef de l'armée polonaise, s'étant noyé dans l'Elster, à la bataille de Leipzig

(1813) les Polonais n'en continuèrent pas moins de combattre pour la France, espérant toujours que leur dévouement serait récompensé et la Pologne finalement restaurée et rétablie. Après la capitulation de Paris et l'abdication de l'Empereur, ceux des Polonais qui n'avaient pas péri dans les nombreuses campagnes de 1795 à 1814 restèrent en France, dans l'attente et l'incertitude du sort que réserverait à la Pologne le Congrès tenu à Vienne pour régler les affaires de l'Europe, si profondément bouleversée par les victoires et les conquêtes de Napoléon.

Dès que la désastreuse campagne de 1812 les eût débarrassé des Français, les troupes Moscovites étaient entrées dans le grand-duché de Varsovie. Aussi, pendant le Congrès de Vienne, le czar Alexandre Ier émit-il la prétention de garder à jamais sous sa domination ce pays dont ses armées avaient pris possession.

Les plénipotentiaires d'Angleterre, de France et d'Autriche s'opposèrent à cette demande du czar et manifestèrent l'intention de créer un royaume de Pologne suffisamment fort et étendu pour former un état-tampon du côté de la puissance Moscovite, qui allait toujours croissant depuis le règne de Pierre le Grand, mais la brusque évasion de Napoléon de l'île d'Elbe jeta une nouvelle panique parmi les monarques européens et leurs représentants, en train de délibérer à Vienne.

Afin de tenir tête à ce foudre de guerre, on sacrifia la Pologne, comme prix du concours d'Alexandre dans une coalition européenne contre Napoléon.

On convertit alors le grand-duché de Varsovie en un petit royaume de Pologne, enclavé dans l'Empire russe, avec une constitution assez libérale sur le papier, mais singulièrement déformée dans la pratique, constitution qui comportait la création d'un Parlement formé d'une chambre élective et d'un Sénat de woïevodes et de castellans. La constitution prévoyait aussi le liberté de la presse, une administration autonome et entièrement distincte de celle de l'Empire russe, le maintien du Code Napoléon, enfin une armée nationale de 30.000 hommes

Le Congrès de Vienne décida encore que les trois puissances qui détenaient des provinces polonaises devaient leur garantir le maintien de la langue nationale, aussi bien dans les écoles, dont les professeurs seraient exclusivement polonais, que devant les tribunaux de tout degré.

Ceux qui ne connaissaient pas le gouvernement despotique des trois puissances qui constituaient alors ce qu'on appela la « Sainte Alliance » crurent que le sort des Polonais serait encore tolérable parce qu'on avait respecté leurs aspirations nationales.

Il en aurait été ainsi peut-être si toutes les décisions du Congrès de Vienne avaient été exécutées et strictement observées.

Mais tout cela resta principalement sur papier et peu de chose en fut réalisé.

Contrairement aux résolutions du Congrès de Vienne, la Prusse fut la première à vouloir germaniser le peuple polonais et débuta par donner aux cités et villages polonais des noms allemands. Après quoi des instituteurs prussiens furent nommés dans toutes les écoles avec mission de donner l'instruction exclusivement en allemand, la langue polonaise n'étant plus enseignée qu'une fois par semaine. En même temps la langue allemande fut introduite dans toutes les branches de l'administration des provinces polonaises.

L'Autriche imita la Prusse et s'efforça également de dénaturer en toutes choses le caractère national des provinces qui lui étaient échues en partage.

Le Congrès de Vienne institua, à la vérité, une République de Cracovie, afin de conserver un restant d'autonomie à une parcelle de la terre polonaise, mais cette

République minuscule était à la merci des représentants diplomatiques de l'Autriche, de la Prusse et de la Russie, qui en formaient le gouvernement proprement dit, car rien ne pouvait y être décidé sans leur assentiment.

Quant à l'Empire moscovite, qui avait été particulièrement favorisé dans chacun des démembrements successifs de la Pologne, il eut aussi en 1815 la part du lion, car outre la Pologne varsovienne, la Lithuanie, la Samogitie, la Livonie et la Courlande, provinces qui, en 1815, contenaient plus de 20.000.000 d'habitants, il avait encore reçu la Russie Blanche, la petite Russie, une partie de la Russie Rouge, ainsi que les trois provinces du Sud de l'ancienne Pologne qui étaient les plus fertiles et au point de vue géographique les mieux situées du pays. Dans toutes ces contrées, la Pologne varsovienne exceptée, le czar prit des mesures rigoureuses de russification.

Dès le début de l'occupation Moscovite, on se mit à molester tous ceux qui ne professaient pas l'orthodoxie grecque, et dans nombre de cas le knout, ce fouet russe à pointes de fer, fut employé comme moyen efficace de conversion et de discipline.

La Pologne varsovienne, dont le Congrès de Vienne avait fait un royaume de Pologne soumis au czar Alexandre Ier, avait, aux premiers jours de sa nouvelle existence, de 1815 à 1822, joui d'une administration autonome. Le czar n'y exerça d'abord le pouvoir que sous le titre de roi de Pologne, les armes de Pologne figurèrent sur les drapeaux et insignes, la langue polonaise fut en usage dans les écoles et les tribunaux, ainsi qu'à la Diète qui se composait de députés et de sénateurs du pays ; c'était en somme un simulacre d'autonomie nationale. Mais dans la crainte que cette quasi indépendance n'aidât à une résurrection de la nationalité polonaise, le czar Alexandre envoya à Varsovie son frère, le grand-duc Constantin, l'investissant du commandement des 30.000 soldats de l'armée royale. La domination de ce prince, autoritaire et violent jusqu'à l'aberration, fut des plus brutales. Les prisons se remplirent de patriotes polonais qui avaient osé, soit en public, soit même privément, protester contre les atteintes portées aux garanties constitutionnelles.

Ceux qu'on avait enfermés dans des cachots y souffrirent toute espèce de mauvais traitements. Jusqu'à des sénateurs et des délégués à la Diète qu'on déporta en Sibérie, parce qu'ils s'étaient permis d'affirmer que le pays devait être gouverné selon la constitution et non d'après les caprices despotiques d'un grand-duc qui n'avait d'autorité légale que sur l'armée polonaise dont l'empereur-roi l'avait créé -commandant en chef.

À la fin, excédés par les abus de pouvoir de Constantin et influencés par la réussite successive de l'insurrection grecque, puis de la révolution parisienne de juillet 1830, les patriotes polonais se soulevèrent contre la tyrannie moscovite. La révolution éclata à Varsovie le 29 Novembre 1830. Le grand-duc se sauva précipitamment avec sa garde Moscovite. Les troupes polonaises passèrent au parti national et une guerre terrible s'engagea entre les deux peuples ennemis.

Pendant dix mois ce fut une lutte désespérée. Quelques brillantes batailles furent gagnées par les insurgés contre l'armée Moscovite, infiniment plus nombreuse que la leur. Tous les Polonais capables de porter les armes, depuis les vieillards jusqu'aux garçons de quatorze ans, s'élancèrent dans les rangs pour défendre la patrie bien aimée.

Le czar Nicolas Ier, stupéfait qu'un petit peuple de 3.000.000 d'habitants osât tenir tête à son immense empire, qui comptait plus de 60.000.000 de sujets, envoya contre les insurgés des forces considérables, mais elles furent mises en déroute par les phalanges polonaises.

Exaspéré, le czar lança d'autres bataillons et jusqu'à sa garde, qui, d'habitude, n'était exposée au feu qu'à toute extrémité. Toute l'Europe admira l'héroïque résistance de la Pologne, les poètes la chantèrent, mais aucun État n'alla jusqu'à risquer la guerre avec les Moscovites pour sauver l'héroïque nation. La Pologne, qui s'épuisait dans une lutte disproportionnée, ne put donc que succomber, surtout lorsque la Prusse et l'Autriche, au lieu de garder leur neutralité, se mirent à aider le czar Nicolas en laissant ses troupes traverser leurs territoires respectifs, afin qu'elles fussent mieux à même d'envelopper les défenseurs de la liberté polonaise.

Après qu'eût été consommé l'écrasement des patriotes polonais, le général Sébastiani, ministre des affaires étrangères en France, annonça l'événement à la Chambre des députés par ces extraordinaires paroles :

« *L'ordre règne à Varsovie.* »

C'était de l'ordre en réalité, mais de l'ordre sanglant, le seul que fût capable d'établir l'autocrate qui gouvernait l'empire moscovite. Cet ordre constaté par le général Sébastiani, c'était la déportation en masse des patriotes polonais dans les mines de la Sibérie, c'était l'enlèvement des enfants de cinq à douze ans dans les rues et les maisons de Varsovie. On les arrachait des bras de leurs parents, on les transportait dans les villes du fond de la Moscovie, on les y plaçait dans des instituts militaires pour leur faire perdre tout souvenir de leur patrie, les pénétrer de l'esprit moscovite et les forcer à devenir membres de l'église orthodoxe. C'était l'ordre fondé sur les échafauds, à Varsovie comme dans d'autres cités du petit royaume, et attesté par des exécutions quotidiennes. Bref, c'était l'ordre obtenu par la suppression de toute institution nationale, par la défense d'employer la langue polonaise dans les écoles et les tribunaux, enfin par un état de siège rigoureux, qui s'est continué durant cinquante ans dans cet infortuné pays.

Quelques milliers de survivants de l'armée polonaise de 1831, qui avaient si courageusement combattu les troupes moscovites soutenues par les gouvernements de Prusse et d'Autriche, se réfugièrent en France, en Belgique, en Angleterre et en Turquie. Ces patriotes ne perdirent jamais leur foi dans la cause nationale et, tout en travaillant, dans l'exil, pour le pain de chaque jour, ils formatent des sociétés où se discutaient les chimères d'une nouvelle levée en masse dans toutes les provinces de l'ancienne Pologne, en vue de la libération définitive.

Afin de préparer les voies de cette insurrection future, des émissaires dévoués à la bonne cause, exposant leur vie au service de la patrie, quittèrent leurs camarades d'exil et rentrèrent secrètement dans les différentes provinces polonaises.

Depuis l'année 1833 une centaine de jeunes gens se sacrifièrent ainsi à la cause sacrée. Découverts et appréhendés par les autorités moscovites, ils souffrirent la mort sur l'échafaud.

En 1846 une nouvelle révolte, cette fois de paysans, éclata dans la Posnanie prussienne, dans la Galicie autrichienne et dans le royaume de Pologne.

On la réprima facilement en Posnanie, où les meneurs furent emprisonnés et les paysans dispersés. En Moscovie, on pendit les chefs du mouvement et on déporta leurs partisans en Sibérie. En Autriche, des agents affiliés à la police ameutèrent la populace ruthène dans le but de la pousser au massacre des propriétaires nobles de race polonaise, dont beaucoup périrent dans cette jacquerie renouvelée de celle qui s'était produite à l'époque de la confédération de Bar. Le principal acteur dans cette tragédie fut un certain Szeha, qui tira récompense de ses bons offices, mais il est juste de reconnaître que la plupart des paysans, sitôt revenus des effets de l'alcool qui leur avait été distribué, à foison, se mirent à déplorer amèrement la part qu'on leur avait fait prendre à cette action honteuse Le résultat de ces déplorables événements fut la suppression de la République de Cracovie et son incorporation dans la monarchie autrichienne.

Cependant, les patriotes polonais, sans se laisser décourager par les mécomptes de toutes sortes, tentèrent à nouveau de recouvrer leur liberté, leur indépendance et leur nationalité.

Le 22 Janvier 1863, des jeunes gens de toute la Pologne, de la Lithuanie et de la Samogitie, se réunirent en foule dans les forêts de ces pays et, armés les uns de fusils, les autres de vieux sabres, d'autres seulement de haches ou de faux, tombèrent sur les garnisons moscovites des villes voisines, et après les avoir désarmées, se retirèrent dans le fond des forêts impénétrables. Pendant vingt mois ils s'y tinrent embusqués, fonçant à l'improviste sur les troupes que le gouvernement impérial envoyait pour réprimer cette audacieuse révolution. Ils escomptaient que l'empereur français Napoléon III, qui, en 1859, avait délivré une partie de l'Italie de la domination autrichienne, viendrait aussi au secours de leurs efforts désespérés.

Cette dernière insurrection, qui n'avait pour appui ni une force organisée, ni une forteresse, pas même des moyens financiers, comptait seulement sur la bravoure l'obstination et l'esprit de sacrifice inouï de ceux qui luttaient centre le colosse moscovite dans l'espoir que le gouvernement de France ou celui d'Angleterre tendrait la main à la Pologne en détresse.

Le gouvernement français et le gouvernement anglais agirent en effet, mais dans une mesure prudente, se bornant à adresser au Cabinet de St-Pétersbourg des notes diplomatiques dont aucune ne revêtit la forme d'un ultimatum. L'effet de ces démarches fut donc nul et, après vingt mois d'efforts désespérés, les insurgés, à bout de forces, tombèrent au pouvoir de leurs adversaires.

Mouravieff, Berg, Kaufman, Fenshave, Bellegard furent les agents employés par le czar Alexandre II pour consommer d'impitoyables représailles.

Plus de mille patriotes polonais furent pendus, plus de 300.000 allèrent finir leurs jours en Sibérie : La citadelle de Varsovie et d'autres prisons se remplirent de victimes destinées à l'échafaud ou aux travaux forcés à perpétuité.

Des villages entiers furent incendiés ou rasés complètement de la terre et nombre d'églises Catholiques ou grecques-unies, violées et saccagées.

D'énormes contributions furent levées sur les propriétés foncières de ceux-là même qui n'avaient point pris part à la révolution et le pays demeura absolument ruiné. Les Polonais qui parlaient en public leur langue natale payèrent des amendes à raison de chaque mot prononcé et bien des lois sévères furent alors imposées à la malheureuse nation par ses despotiques oppresseurs.

En dépit de toutes ces infortunes qui depuis plus de cent ans accablent la Pologne, atténuées seulement en Autriche, où l'empereur François-Joseph a enfin inauguré, dans les provinces polonaises, un régime sincèrement libéral, les patriotes polonais ont foi en la justice divine, qui, dans ses décrets insondables, se plaît parfois à éprouver le courage, tant de nations entières, que de simples individus, mais qui ne manque jamais de récompenser la croyance patiente et inlassable en la miséricorde suprême.

Kalixt de Wolski

C'est ainsi que les Polonais, bien que tyrannisés, les uns gémissants dans les glaces de la Sibérie ou dans les cachots prussiens, les autres dispersés parmi tous les peuples de l'univers, ne cessent de travailler et de se distinguer dans les différentes branches des sciences, de la littérature, des arts, de l'industrie, attendant avec confiance des jours meilleurs. Ils ne luiront peut-être jamais pour ceux qui souffrent de l'heure présente, mais leurs descendants en recueilleront le profit. Car l'aurore glorieuse ne doit-elle pas se lever où l'oppression verra sa fin dernière, où le règne de la justice prendra une fois de plus le dessus, où la Pologne, radieuse et purifiée par la souffrance, reprendra encore sa place brillante dans l'histoire des grandes nations de l'Europe ?

FIN

© 2018 TOUS DROITS DE REPRODUCTION ET TRADUCTION RÉSERVÉS

Table Chronologique des Matières

Préface

Chapitre Ier

Histoire fabuleuse ou ancienne

Les Léchites. — Lech (vers 500 ?) Woïevodes............   pages
— Krakus (v. 600 ?) — Vanda — Les Popiel (v. 800)........   13-16

Dynastie des Piast (de 850 ? à 1370)

1. Piast, de Kruszwica, duc (v. 850) ....
2. Ziémowit ....
3. Leszek Ier (v. 900) ....
4. Ziémomysl   17-18

Chapitre II

Époque première ou conquérante
(950~1139)

5. Mieczyslaw Ier, † en 992 ....
6. Boleslaw Ier, le Vaillant (992~1025),
   premier roi, couronné en 1001   19-24

Kalixt DE Wolski

Chapitre II *(suite)*

7. Mieczyslaw II, l'Indolent (1025~1034)   25

Interrègne

8. Casimir Ier, le restaurateur (1040~1058) . … … … … .. …   pages
9. Boleslaw II, le Hardi (1058~1079) … … … … .. … …   26-29

Chapitre III
Suite de la première époque

10. Ladislas Ier* Hermann (1081~1102) .. … … … .. … …
11. Boleslaw III, Bouche-torse (1102~1139) . … … … .. … …   31-37

* En polonais : Wladyslaw.

Chapitre IV

Deuxième époque (1139~1833)
Divisions et rivalités

12. Ladislas II (1139~1146 † en 4159) … … … .. … … … … …
13. Boleslaw IV, le Crépi (1446~1173) .. … … … .. … … …
14. Mieczyslaw III, l'Ancien (1173~1177 et de 1195~1201) . … … … … … .. … … … … .. …
15. Casimir II, le Juste (1177~1194) . … … … … … … .. …
16. Leszeck II, le Blanc (en 1194 et 1208 † en 1227 … … …
17. Ladislas III, le Long (1202~1207) … … .. … … … … …
18. Boleslaw IV, le Timide (1227~1279) … … .. … … … …
19. Leszek III, le Noir (1279~1290) … … .. … … .. … … …
20. Ladislas IV, le Bref (à plusieurs reprises depuis 1290) … … … … … … …
21. Henri Ier, le Probe (1290) . … … … … … … .. … … …   39-49

Chapitre V
Suite de la deuxième époque

22. Venceslas, roi de Bohême* (1291~1305) … … … … … …
23. Przemyslaw (1291~1295) . … … … … … .. … … … … …
    en concurrence avec Ladislas IV, finalement seul … … … …
    souverain, couronné roi en 1319 et † en 1333. … … … … …   51-56

* En Polonais : Vacslaw.

Coup d'œil rétrospectif.

La Pologne

Chapitre VI

Troisième époque
Oligarchie des nobles — La Pologne florissante

24.	Casimir III, le Grand (1333~1370), dernier roi de la dynastie des Piast	pages 59-63

Chapitre VII
Suite de la troisième époque

Maison capétienne d'Anjou-Naples

25.	Louis le Grand, roi de Hongrie (1370~1382)	
26.	Hedvige, reine (1382~1399)	65-66

Dynastie lithuanienne des Jagellon (1386 à 1572)

27.	Ladislas V Jaguello (1386~1434), époux d'Hedvige	67-73

Chapitre VIII
Suite de la troisième époque

29.	Casimir IV (1447~1492)	
28.	Ladislas VI, de Varna (1434~1444)	
30.	Jean Ier, Albert (1493~1500)	
31.	Alexandre (1500~1506)	75-86

Chapitre IX
Suite de la troisième époque

32.	Sigismond Ier (1506~1548)	
33.	Sigismond II Auguste* (1548~1572), ... dernier roi de la dynastie des Jagellons	87-100
	* ou Auguste 1er	

Chapitre X
Fin de la troisième époque

Maison capétienne de Valois

34.	Henri II (1573~1574)	101-105

Maison transylvanienne Bathory

35.	Etienne (1575~1586), époux d'Anne Jagellon	106-112
	Abrégé rétrospectif.	

Chapitre XI
Quatrième époque

Décadence et chute du royaume
Dynastie suédoise de Vasa (1587-1669)

36.	Sigismond III Vasa (1587~1631)	115-124

Chapitre XII
Suite de la quatrième époque

38.	Jean II Casimir (1648~1669)	pages
37.	Ladislas VII (1632~1648)	125-137

Chapitre XIII
Suite de la quatrième époque

Maison Wisniowiecki

39.	Michel (1669~1673)	139-140

Maison Sobieski

40.	Jean III (1674~1696)	141-146

Dynastie saxonne de Wettin (1606-1763)

41.	Auguste II de Saxe (1696~1705 et de 1717~1733)	147-150

Maison Leszczynski

42.	Stanislas Ier (1705~1717 et de 1733~1734)	151-152

Chapitre XIV
Fin de la quatrième époque

43.	Auguste III de Saxe (1733~1763)	153-154

Maison Poniatowski

44.	Stanislas II (1764~1795).	
	Démembrement de la Pologne	155-163

Chapitre XV

Coup d'œil rétrospectif sur la quatrième époque

pages 165-169

LA POLOGNE

ÉPILOGUE

FAITS POSTÉRIEURS AU DÉMEMBREMENT DE 1795

Le grand-duché de Varsovie (1806~1813). — Le royaume constitutionnel créé par le Congrès de Vienne (1815~1830). — Les insurrections de 1830, de 1846 et de 1863   169-180

www.ingramcontent.com/pod-product-compliance
Lightning Source LLC
LaVergne TN
LVHW091547060526
838200LV00036B/740